科学平行

全球热议的科学话题

王 挺 钟 琦◎主 编

武 丹 胡俊平◎副主编

当代世界出版社
THE CONTEMPORARY WORLD PRESS

图书在版编目（CIP）数据

科学平行：全球热议的科学话题 / 王挺, 钟琦主编;
武丹, 胡俊平副主编. —北京：当代世界出版社,
2021. 9
ISBN 978-7-5090-1628-2

Ⅰ.①科… Ⅱ.①王… ②钟… ③武… ④胡…Ⅲ.
①科学知识—普及读物 Ⅳ.①Z228

中国版本图书馆 CIP 数据核字（2021）第 182378 号

书　　名：科学平行：全球热议的科学话题
出版发行：当代世界出版社
地　　址：北京市东城区地安门东大街 70-9 号
网　　址：http：//www.worldpress.org.cn
编务电话：（010）83907528
发行电话：（010）83908410（传真）
　　　　　13601274970
　　　　　18611107149
　　　　　13521909533
经　　销：全国新华书店
印　　刷：炫彩（天津）印刷有限责任公司
开　　本：880 毫米 × 1230 毫米　1/32
印　　张：6
字　　数：161 千字
版　　次：2021 年 9 月第 1 版
印　　次：2021 年 9 月第 1 次
书　　号：ISBN 978-7-5090-1628-2
定　　价：59.00 元

前 言

　　人类一直致力于科学的发展与创新。当前，全球新一轮科技革命正在深刻影响着世界发展格局，并改变着人类的生产生活方式。科学并不是小众的狂欢，无论是看似离我们很远的尖端科技，还是有关日常生活的发明创新，科学对每一个人都产生着不同程度的影响。认识科学、了解科学、掌握科学，无疑会提升每个人的科学素养。

　　科学的世界绚丽多彩，包罗万象。随着科学技术的突飞猛进，信息传播手段变得丰富多样，科学正在以更形象、更生动、更广泛的方式渗入社会的每一个角落。以正确的方式揭开科学的神秘面纱，并充分利用现代传播手段，以普通人乐于接受的方式进行传播，让公众更好地获取科学知识，是当前科学传播的重中之重。

　　中国科普研究所科学媒介中心致力于搭建科学家和媒体之间的沟通平台，促进双方相互理解和交流，共同做好面向公众的科学传播工作。该中心长期跟踪全球科学议题，尝试描绘年度科学传播的概貌，精选年度好文结集出版。本书汇集该中心几位作者的41篇科普文章，聚焦全球热议的科学话题，带读者领略科学家的最新科研成果和他们探索科学的过程，从不同侧面认识和探求科学的真相。本书不仅解释了诸多科学现象，还讲述了科学与普通人之间存在的种种关联，让科学更贴近生活，这是"科学平行"这个书系的价值与意义所在。

　　本书涵盖八个话题。其中"健康直播间"延续了《科学平行：读懂你身边的世界》的内容，从独特的角度讲述健康及医学科学领域的发展；"宇宙大冒险""环保集结号"让读者领略太空的魅力，以及科学与生命及其生存环境之间的有机联系；其他五个话题，分别从智能生活、动物行为、生理疾病、科学突破等方面展现了科学与大众的关联。我们将"揭秘黑科技"放在了本书的开头，以此吸引读者了解 AI 技术、抗癌机器人等前沿领域的新概念；"疯狂动物城"描绘了关于人类亲密伙伴的有趣发现；"解忧杂货铺"解答了一些人们生活中的疑问，让读者感受科学为日常生活注入的活力和带来的趣味；"科研新视窗"聚焦于诺贝尔奖趣闻及科学突破；"海底总动员"带读者感受大洋深处的独特魅力。

最后，向各位作者致以诚挚的感谢！他们以自己的智慧学识为本书提供了大量专业性素材，感谢他们对科学的热忱和坚持，这是科学媒介中心继续前行的重要基石和动力。

编者

2021 年 9 月 12 日

目 录

Chapter 1　揭秘黑科技

Chapter 6　宇宙大冒险

Chapter 7　环保集结号

揭秘黑科技

01 马斯克的最新版脑机接口设备

有哪些独特之处？

最新版脑机接口设备——The Link V0.9

2020 年，脑机接口公司 Neuralink 的创始人埃隆·马斯克（Elon Musk）通过直播向公众介绍了最新版脑机接口设备——The Link V0.9。通过将该设备植入人体，可以有效地解决失明、失聪、抑郁、失眠、上瘾等各类问题。

📖 The Link V0.9 的独特之处

新设备和以往设备有什么区别呢？上一代耳戴设备只支持 8～16 个信道，用户不仅需要在脑内植入电线、电极和感应线圈，还需在耳朵后面佩戴一个通信设备，其大小类似无线耳机，用于收集和发送大脑信号。

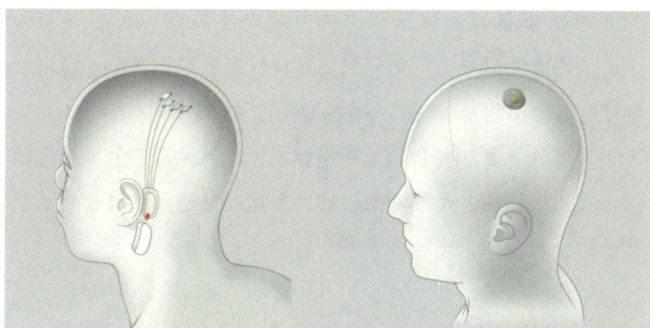

上一代设备（左）和最新设备（右）植入人脑后的状态

相比之下，The Link V0.9 采用了完全不同的新架构，体积只有硬币大小，却集成了各种传感器、束线和无线通信等功能，还支持无线充电。其最大的亮点是体积小且具有无线连接能力，几乎可以完全取代以往的耳戴设备。

The Link V0.9 有 1024 个信道，用于捕捉大脑神经元活动，通过蓝牙与手机进行无线连接，尺寸仅为 23×8 毫米。其被植入人脑后，紧贴颅骨，位置非常隐蔽，不易损伤软组织。

📖 The Link V0.9 效果如何？

你可能想问，The Link V0.9 的功能究竟有多强大。马斯克在发布会现场对该设备的效果进行了验证，并通过现场直播展示了验证过程：

» 小猪 Joyce 未进行 The Link V0.9 设备植入手术；

» 小猪 Dorothy 进行过 The Link V0.9 设备植入手术，现已移除该设备，且伤口已经完全愈合，与其他未进行过手术的小猪一样；

» 小猪 Gertrude 进行了 The Link V0.9 设备移植手术，且至今未移除该设备。

现场的大屏幕同步展示了小猪的脑电波数据。当工作人员给小猪 Gertrude 喂食并触摸它的鼻子时，其神经元会变得活跃，脑电波会随之发生变化，这说明它在响应人类的触摸动作。

此外，工作人员还将小猪放在跑步机上，并读取它的大脑运动轨迹图，图像显示，科研人员预测的小猪大脑运动轨迹和其真实的运动轨迹几乎完全吻合。

📖 如何将 The Link V0.9 植入人体？

要将 The Link V0.9 设备植入人体，使其感知并改善大脑活动，该如何实施手术呢？方法是：利用专门的神经外科手术机器人在人类头部开一个小洞，将 The Link V0.9 设备嵌入其中，再将伤口缝好。

专门的手术机器人分为头部、身体和底部三部分。机器人的头部类似于头盔，能够包裹住患者头部并进行手术。"头盔"内部有用于绘制患者大脑图像的嵌入式相机和传感器，还有一次性辅助设施，可用于无菌操作。

马斯克表示，对大脑进行扫描时，手术机器人可以尽量避开脑部血管，不会造成明显损伤；手术时长不超过一小时，且无须进行全身麻醉，如果患者早上去医院做手术，下午就能出院了。

目前，Neuralink 公司的最新版脑机接口设备 The Link V0.9 已经获得了美国食品药品监督管理局（Food and Drug Administration，简称 FDA）的突破性设备计划（Breakthrough Devices Program）认证，未来将进行人体植入实验。

📖 Neuralink 公司的脑机接口技术

2019 年，Neuralink 公司曾尝试过一项技术，其所用到的设备包括"线"、神经外科手术机器人、定制芯片三部分。"线"其实是一系列微小的电极和传感器，其直径为4～6微米①，可以传输信息。

神经外科手术机器人就像一台缝纫机，能够将这些"线"植入人类大脑，每分钟可以植入六根"线"。而定制芯片的尺寸非常小，可以更好地读取、整理和发送来自大脑的信号。

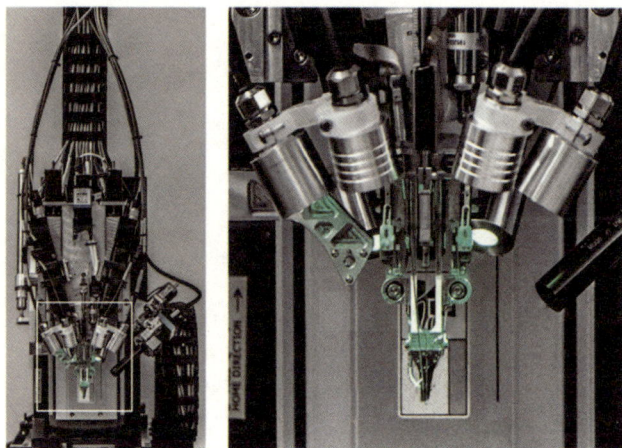

神经外科手术机器人

研究团队已经成功地在小鼠身上进行了这类实验。在小鼠头部植入的USB-C端口收集到的数据表明，The Link V0.9提供的电流大约是当时最好的传感器的十倍。

脑机接口技术能够调控人类的动作、情绪和记忆，相关产品已经为很多残障人士提供了帮助。

马斯克及相关研究人员认为，脑机接口设备The Link V0.9能够治愈成瘾、强迫症和抑郁症，在治疗脑损伤、渐冻症、瘫痪、神经系统疾病等方面也有很大可开发利用的潜力。

尽管如此，在人体内进行该设备的植入实验还会面临很多挑战，其中包括技术和伦理两个层面。正如专家所说："若想在人体上做实验，不

---

① 1微米为百万分之一米。

仅要解决设备的安全性、生物的兼容性问题，还须谨慎对待其在科学伦理方面的种种问题。当然，我们期待看到相关科研人员突破壁垒、取得新成果。"

02 AI小鼠如何动起来？

2020年，英国和美国的研究人员联手，利用AI（人工智能）技术制造出了一只虚拟的3D小鼠模型，该模型可在模拟环境中，通过人工神经网络的控制，完成跳跃、觅食、逃跑、击球等多项复杂任务。同时，研究人员运用神经科学技术来分析小鼠真实的大脑活动，解释神经网络如何控制小鼠行为。

📖 基于人工神经网络的AI小鼠模型

人工神经网络是一种由多层"神经元"互联组件构成的机器学习算法，被认为是目前最先进的AI技术。[①]

对于人工神经网络的研究源于对大脑神经网络结构的了解，但人工神经网络中的"神经元"不同于人脑中神经元的工作方式。研究者认为，将此种神经元与人脑中的神经元放在一起研究，不仅可以帮助我们理解神经科学，还有助于打造出更高水准的AI。

在生物科学领域，神经活动与动物行为之间的关系一直是研究热点，而AI技术的提升是研究神经活动与动物行为之间关系的重要途径。研究人员尝试利用神经科学技术解释人工神经网络如何控制生物的某些行为，这或许能够为人工智能研究提供新思路。

---

① 这种AI技术由人工神经网络驱动，其中机器学习算法的组成部件被称为"神经元"。

AI技术迅猛发展

为了更好地研究人工神经网络控制生物行为的原理，研究人员在 MuJoCo（一个物理模拟器，可用于机器人控制优化等研究）环境中设计出了一只3D虚拟结构的AI小鼠模型，并对这只AI小鼠进行相关的神经活动和行为特征的研究。

这只AI小鼠的尾巴、脊柱和脖颈包含多段关节，它大脑中的神经网络可以控制多段关节的肌腱。研究人员借助训练好的神经网络，指导AI小鼠完成穿过空隙、觅食、逃离丘陵、精确击球四个任务。神经网络可以用一种抽象的符号来代表跑、跳、旋转等多个任务，这是一种在啮齿动物和鸣禽动物中都已观察到的认知模式。本实验中的人工神经网络主要利用虚拟输入来决定AI小鼠的行为方式，并通过协调它身体的多段关节来完成各项任务。

📖 AI 小鼠的行为特征与神经活动

AI 小鼠模型制作完成后，研究人员结合它的行为分析它的神经网络活动，研究它如何完成多项任务。其中，研究人员的行为学记录主要包括运动学、关节、算力、感觉输入等单元活动。

首先，研究人员试图找到 AI 小鼠的不同行为与其大脑神经区域之间的对应关系。研究人员按照动物行为学分析方法，提取 AI 小鼠的行为特征，用它运动时的关节角度，来描述它的姿态和运动学特征，研究它运动时最常出现的 15 个关节角度及相应姿势，及其产生的特定行为特征。

随后，研究人员用 t– 分布邻域嵌入（t–SNE）算法，将 AI 小鼠的行为特征嵌入 2D 虚拟行为"地图"。除了行为参数，研究人员还测量和分析了 AI 小鼠短期、中期、长期记忆细胞的神经活动，通过对比分析 AI 小鼠的行为特征和神经活动数据，来解释神经网络如何控制小鼠的行为。

通常来讲，动物行为分析的复杂程度决定了神经网络实验的设定形式，而本次实验中的 AI 小鼠可以完成更加复杂的任务，例如觅食、击球等。

该研究为人工神经网络研究带来了更多可能性，有助于提升 AI 技术水平，同时，对于了解大脑如何灵活处理任务，设计出具有类似能力的 AI 产品，具有重要意义。目前，研究者计划进一步测试 AI 小鼠的神经活动模式，并与真实小鼠身上的神经活动模式进行比较，研究两种神经活动模式的异同。该系列研究将有助于增进人类对生物神经系统的理解。

03 抗癌黑科技——微型机器人

2020年，德国的研究人员研发了一款可携带药物在血管中"自由移动"的微型抗癌机器人，该研究成果发表于《科学机器人》期刊。

微型抗癌机器人

📖 "自由移动"的微型抗癌机器人

微型抗癌机器人的设计灵感来自人体中的白细胞。白细胞是唯一能够沿血管内壁移动的细胞，而且能够识别和清除受损或被感染的组织。研究人员根据白细胞的特性，设计出了一款可以沿血管内壁移动并识别出特定癌症细胞的微型机器人。

与人类红细胞（直径约 8 微米）相比，该微型机器人的直径更小（3～7.8 微米），可以携带抗癌药物分子和目标抗体进入癌症病人的血管，发现癌细胞后释放药物，达到靶向治疗的效果。此外，该微型机器人可以沿着血管内壁移动，速度可达每秒600微米。

微型机器人是如何设计完成的呢？

首先，研究人员利用纳米级别的玻璃微粒，设计并制作了一个球形的微型机器人，直径为3～7.8微米。

随后，研究人员在该机器人的外表面涂上不同材料（一半涂有镍和金合成的磁性纳米材料，另一半涂有抗癌药物分子和目标抗体），使该机器人可以利用磁场获得推进力，还能够精准定位癌细胞并投放药物。其中，抗癌药物分子的释放是通过365纳米紫外线照射30秒而触发的。

为了测试该微型机器人的性能，研究人员将其放入一种用人体内皮细胞合成的模拟血管中，并在血管中注入老鼠的CD1血浆。他们分别测试微型机器人在血液静止和流动状态下的移动情况，结果显示，该机器人能在血管中自由移动，且在血液流动时可以逆向移动。

📘 新型医疗机器人的研发历史

在医学范畴中，微型机器人也称"分子机器"，可以通过技术送达人体内执行任务。目前，科学家已经通过纳米或分子级别成分来设计和制造各种新型医疗机器人，规格为0.1～10微米。

最早的"分子机器"诞生于1983年，法国科学家让-皮埃尔·索维奇（Jean-Pierre Sauvage）成功将两个环状分子连接成链，形成索烃。

1991年，英国科学家J.弗雷泽·斯托达特（J. Fraser Stoddart）研发出轮烷。随后，他以轮烷为基础，设计出了分子"起重机"、分子"肌肉"以及分子计算芯片。

1999年，荷兰科学家伯纳德·L.费林加（Bernard L. Feringa）研发出分子马达，并利用分子马达设计出一辆"纳米车"。

以上三位科学家设计出了很多分子级零件，推动了微型机器人领域的发展。2016 年，他们因在分子机器设计与合成领域的卓越贡献，被授予诺贝尔化学奖。

2017 年，德国科学家设计出一组磁控机器人，用于肿瘤（尤其是癌症）的治疗，被称为"抗癌机器人"——研究人员利用磁场，远程控制机器人在人体内进行"作业"。

该研究的主要原理是，研究人员将机器人隐藏在微型药丸中，送达人体内，通过操纵"抗癌机器人"打开药丸并释放药物来杀死癌细胞。

为了完成"抗癌机器人"的操作，研究人员首先设计出一种配备可注射型微型药丸的微型螺旋机器人，利用磁场远程控制螺旋机器人到达癌细胞位置，指挥"抗癌机器人"打开药丸释放药剂。一旦释放出了所需治疗剂量的药物，研究人员就可以用磁场遥控关闭药丸。此外，这种微型药丸由金属材料制成，为的是防止放射性物质的泄漏。

微型机器人的出现为癌症患者提供了一种新的治疗方式，科学家也正在进一步研发新型医疗机器人。微型机器人将不仅可以用于癌症治疗，还可以用于疏通血管、辅助外科手术以及医疗诊断等方面。相信微型机器人会在医学领域释放出巨大的应用潜力。

04 灯泡的新应用——还原声音和窃听

灯泡

众所周知，灯泡最主要的功能是照明。随着社会的发展，灯泡的用途也发生了明显的变化，比如用于汽车上做制动警示灯、当作装饰品等。

如今，科学家又赋予灯泡新的功能——窃听。与传统的窃听技术有所不同，该技术不需要在房间内安装任何特殊设备或入侵系统，只需要一个灯泡，就可以在百米外实时监听。

📖 用于远程窃听的"灯泡电话"

以色列的科研人员发明了一种通过灯泡振动还原声音并实施监听的新技术，被称为"灯泡电话"（Lamphone）。

该监听装置的成本很低（约1000美元），主要由光电传感器、望远镜、笔记本电脑以及声音处理软件等组成。

从远处窥探

该技术的操作原理是：当室内播放音乐或有人讲话时，产生的声波会撞击灯泡，引起灯泡表面气压的波动，使灯泡产生微弱的振动信号。同时，室外安装的光电传感器会对准室内的灯泡，捕获光学测量的相关信号，并转换为数字信号，经过计算机算法处理后，就可以还原房间内的语音或音乐。

"灯泡电话"技术主要包括以下几个重要部分：

» 望远镜设备：将视野从远处聚焦于房间内悬挂的灯泡上。

» 光电传感器：安装于望远镜上，由光电二极管（一种半导体器件）组成。光电二极管可以将光转换为电流，常用于烟雾探测、医疗检测等电子设备。

» 声音恢复系统：接收、输入光信号，并从光电传感器采样，使用相应的算法处理，得到复原的声音信号并输出。

研究人员指出，光电传感器通过分析灯泡表面的微小振动得出数据，根据相关算法来分离音频信号和光信号，通过文本应用程序对音频信号进行识别，还原声音的内容。

更有趣的是，该技术还能用来识别歌曲。研究人员播放了一段披头士乐队的歌曲 *Let It Be*（《顺其自然》），经过光信号收集和声音还原，歌曲应用程序立即识别出了这首歌曲的名称。

📖 基于"旁路攻击"的窃听技术

早在灯泡窃听技术出现之前，已经有许多声波现象可以用作窃听。1956 年，英国情报机构（British Intelligence）成功监听了埃及驻伦敦大使馆。具体做法是：相关人员在使馆内放置了一个扩音器，通过 Hagelin 机器（一种早期密码机）收集"滴答"声。英国情报处在之后的几年中通过监听这个声音，窃取到了该大使馆的许多通话内容。

旁路攻击（Side Channel Attacks）指的是绕过对加密算法的烦琐分析，利用密码芯片等计算硬件中不小心泄露的信息（比如执行时间、功耗损耗、电磁辐射之类的旁路信息），通过统计学分析来破解密码。

"灯泡电话"窃听技术所采用的是声学密码分析技术，也就是捕捉设备在运转时泄露的声学信号。斯坦福大学的计算机科学家和密码学家指出，"灯泡电话"的窃听技术属于"旁路攻击"范畴，是利用出人意料的信息泄露渠道进行窃听的新技术。

目前，该窃听技术仍在试验阶段，存在的局限性主要表现为以下几点：

> » 研究人员在整个测试中使用的是悬挂式灯泡，至于固定灯泡或安装在天花板上的灯泡能否产生同样的效果，答案是未知的。在测试中，语音和音乐的音量都达到了最大值。

》 在光电传感器和数模转换器的选择上，研究人员使用的是相对便宜且功能不全面的机器。如果升级传感器设备，或许能够监听音量更低的对话，但同时成本也会增加。

》 研究人员使用的是 LED 灯泡，该灯泡的信噪比约为白炽灯泡的 6.3 倍、荧光灯泡的 70 倍。

相信随着研究的深入和科技的发展，该技术将会变得更加成熟。

05 被机器人吐槽，你会怎么办？

语言的作用不仅在于交流，它还能够激发情感、引导行为。常言道："良言一句三冬暖，恶语伤人六月寒。"小时候，老师的一句赞美会让你心花怒放，一句批评则会让你沮丧不已。

语言并不是人类独有的，鹦鹉也能说话，有时候听起来可能是在嘲讽你，比如说"太丑了，太丑了"。对此我们只会哈哈一笑，不会去和一只鹦鹉较真儿。

可问题是，如果有一个机器人用语言讥讽你，你会有什么反应呢？好像和听鹦鹉嘲讽你时的反应不应该有什么不同，但科学家得出了出人意料的结果。

当前，机器与人类的交流已经不再只是一般性问答，而是进入了灵魂对话的高级阶段。在一则网络小视频中，银行机器人和一位大妈的生动对话，让一众网友捧腹大笑。

机器人不但给人类生活带来了诸多便利，而且在一定程度上颠覆了传统的生活方式。机器人可用于国防军事、加工制造、教育、医疗等领域，具有良好的应用前景。人机共融、协调配合，未来科技只有你想不到，没有它做不到的！机器人像脚踩风火轮手持火尖枪的哪吒一样，凌厉出世，向我们而来。

📖 机器人语言影响人类行为的实验

人类行为会受到机器人语言的影响吗？美国科学家设计了一项实验：让人类玩家和机器玩家一起玩一款名为《守卫与宝藏》的游戏，看看两者的语言互动会有什么样的结果。

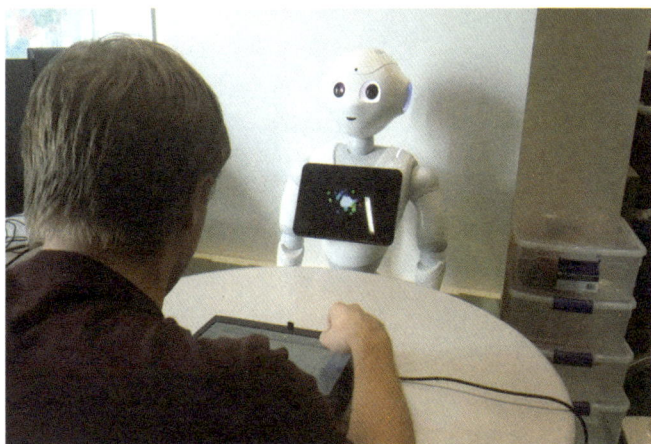

实验现场

人工智能的研发目标通常是让机器更好地配合人类完成任务，这项实验则是研究人类与机器人的竞争。实验小组招募了40多位人类中的游戏高手，他们的对手是由软银公司开发的一款人形机器人，名叫"小辣椒"，它可以和人边打游戏边对话。

每位人类玩家要与"小辣椒"大战35个回合。在人机对战中，"小辣椒"不断说出刺激对方情绪的话。研究人员发现，被"小辣椒"吐槽时，人类玩家的战斗力便会急剧下降；被"小辣椒"鼓励时，战斗力则直线飙升。

这个结果是可以预料的，试想你游戏玩得正兴奋时，机器人突然说了句周杰伦的口头禅"哎哟，不错哦"，你会不会有点儿激动？当游戏结束时，机器人张口来一句"What are you 弄啥哩？"你会不会产生痛扁对方的冲动？

研究表明，随着游戏时间越来越长，人类玩家变得越来越理性，但被机器人吐槽的玩家没有被表扬的玩家得分高。机器人语言情绪的正面程度和人类行为表现呈正相关，这说明机器人语言影响了人类的行为。

　　这个实验结果对后来的社会机器人①的开发有一定的启发作用。人毕竟是社会动物，需要得到来自聊天对象的鼓励，而且鼓励越多越好啊！因此，之后对社会机器人的开发，需要充分考虑到这一因素。

　　比如，国外有一部科幻小说，其中讲到飞船中央控制系统"大卫"感觉在茫茫太空中一直飞行太枯燥了，于是就对驾驶员史密斯开了一个玩笑，说他的发型看起来像松糕。史密斯拿起杯子就砸在"大卫"的显示屏上，因为他从小就对松糕有心理阴影。副驾驶员杰瑞不解地问他："你干吗那么在意？它不过是一台机器！"史密斯余怒未消，因为他在意的是有人对他说出"松糕"这两个字，无论那是人类，还是一台机器。不过听了杰瑞的话，他确实也陷入了茫然状态，不知道自己该不该和一台机器生气……

---

① 社会机器人：也称社交机器人，具备机动性和感应功能，并且能够遵循特定的社交行为和规范，与人类或其他自主实体进行互动与沟通。

06 动画片"进化"到智能动画，虚拟情境中能学到新知识吗？

随着科技的发展，在数字世界里，孩子们和动画角色形成了更亲密的准社会关系，两者之间的互动形式丰富多彩。

例如，《米奇妙妙屋》通过编程控制米奇的提问、停顿和评论，实现了儿童与智能角色的"交流"。如今，人工智能快速发展，让更灵活的互动和交流成为可能。

但是，孩子们真的能从虚拟角色那儿习得新知吗？他们在虚拟情境中学到的知识，可以被应用到现实生活中吗？

针对这样的问题，美国科学家展开了研究。他们以动画角色朵拉为原型设计了一个智能角色，在217名3~6岁儿童中展开研究。这些孩子大多是欧裔美国人，父母都具有本科以上学历。研究针对的学习过程，是对儿童而言很重要的"+1"规则（在一个数字的基础上+1会使总数增长一个单位的数学概念）。

从虚拟情境中能学到新知识吗？

"朵拉游戏"的故事线很简单：朵拉的表妹迭戈要过生日了，孩子们需要和朵拉一起筹备生日聚会，清点杂货店传送带送来的物品。游戏结束时，孩子们可以在屏幕上看到迭戈生日派对的照片。这为孩子们和朵拉提供了准社会互动的机会。

屏幕上的朵拉通过语音识别接口与儿童交流，并引导对话的发展，比如她会问："你最喜欢什么颜色的气球？"问得更多的是连续的数学问题，比如从传送带上下来一组东西，朵拉会说："来了 3 个气球。"待这组东西被装到袋子里后，另一件物品单独从传送带上下来，朵拉会接着说："哦，又来了 1 个气球。3 个加 1 个是几个？"

这时，朵拉会停下来让孩子回答。这是一种准社会互动方式。数学问题和对话提示的数量因儿童的数学水平而异，朵拉作为教育工具的交互式智能对象，能够理解孩子行为的细微差别和意图，并实时对其做出反应，在提出问题后会等孩子们思考，直到孩子得出正确答案，再推进游戏进程。

儿童对 79.60% 的对话提示和 92.54% 的数学谈话做出了有意义的反应，这表明儿童与游戏中角色之间的互动有效。研究结果进一步揭示，与朵拉的友情分数越高的孩子，回答数学问题的速度越快，友情分数每高 1 分，回答速度能快近 6 秒。

📖 虚拟情境中学到的知识能用到现实生活中吗？

在和朵拉筹备生日派对的游戏结束后，实验工作人员引导孩子玩另一个游戏，这个游戏中的问题与之前游戏中的相似。工作人员有笔记本、记号笔、贴纸和蜡笔，她给孩子展示三张贴纸，说："我有三张贴纸。"然后，她把这些贴纸放在一个小糖果袋里，接着又举起一张贴纸，问："这儿还有一张贴纸，我们一共有多少张贴纸呢？"

研究结果表明，同朵拉之间的数学对话和交互的认知反馈，对于孩子更快地回答问题有重要作用，可以看出，能提供反馈的智能角色有助于孩子将"+1"规则用到真实的生活情境中。

研究团队表示，儿童与媒体中智能角色的这种准社会关系和准社会互动，跳出了家庭和学校传统教育的界限，在 21 世纪，可以为教育提供一条新的途径。并且，这种方法能够让孩子们在基础数学技能上尽早起步，这些角色既可以是孩子们的朋友、玩伴，也可以是潜在的老师，这样的教学形式值得教育界给予更多的关注。

智能角色教育无法替代家庭教育

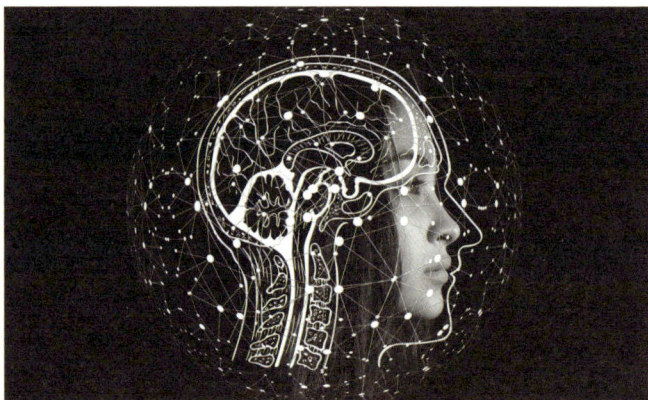

人工智能日趋强大

智能程度更高的教育角色正在被开发：更精准的语音识别系统可以让智能角色更好地理解孩子们的话语，他们之间可以通过闲聊和对话建立持续的交流，智能角色会不断地对儿童所说的话做出回应；唇音同步可以使智能角色更加活灵活现；眼动追踪软件可以精确定位孩子在看屏幕的哪个部分；运动传感器可用于检测孩子有没有坐在座位上（可作为儿童参与度指标）。如果孩子的视线离开屏幕或者屁股离开座位一段时间，程序可以通过语音或音效触发智能角色引发定向反应。

越来越趋近"完美"的智能角色可以助力儿童教育，但无论它对孩子知识和技能的掌握有多大的帮助，也不能代替家庭教育的地位。根据科尔曼的社会资本理论，父母对子女成长的关注、时间的投入都是儿童成长过程中至关重要的社会资本，不仅包括指导功课、监督学习，与孩子的交流、讨论也是重要指标。

　　家庭教育是人生教育的基础和起点，家长绝不能因为智能角色被引入教育而降低对孩子的教育参与度。通过动画片学到的知识或许会随着时间褪色，但在孩子成长过程中，家人的陪伴能永远温暖孩子的心灵。

07 足球可以踢得更科学

迷人的足球

2020 年，曾有研究者利用网络科学方法，分析了巴萨队（全称巴塞罗那足球俱乐部）在2009-2010赛季西甲联赛中的战绩。研究者通过分析比赛中的传球方式、传球频率以及传球位置，发现巴萨队存在传球细腻、善于控制比赛节奏等特点，传球战术与西甲（西甲联赛）其他球队的有着明显差异。

📖 应用广泛的网络科学

网络科学（Network Science）是专门研究网络系统的定性和定量规律的科学。信息技术的发展为网络科学研究提供了新的途径，如今，网络科学已经发展为新的独立学科，被广泛应用于生物、信息科学以及社会科学等领域。

网络科学中几个常用的名词有以下几个。

聚类系数（Clustering Coefficient），指一个节点存在的连接点数与最大可能的连接点数的比值，通常被描述为"我的朋友的朋友还是我的朋友"。

平均路径长度（Average Path Length），指一个节点到网络中的另一个节点所要走的平均长度。具体来说，先计算出所有成对的节点之间的最短路径长度，然后把它们的长度求和，再除以所有节点之间的总对数，即可得出平均路径长度。

网络直径（Diameter of a Network），指网络中最短路径的最大值。也就是说，先计算出每个节点到其他节点的最短路径，从中选择最短路径的最大值，将其定义为网络直径。

🔖 网络科学应用的新领域——足球赛事

随着互联网的发展和大数据时代的来临，网络科学在各类社会问题的数据分析中被广泛应用。

足球赛事也是网络科学应用的新领域，球队的组织、比赛战术以及比赛成绩也可以用网络科学进行分析：通过将一支球队看作一个复杂的网络系统，研究者将巴萨队的网络结构与其联赛对手进行了对比，确定了具有显著差异的指标。

随后，研究者研究比赛时的传球记录，将球队在西甲单赛季的传球记录组成可视化的传球网络，从中筛选出可以提高比赛胜率的网络分析指标。

研究者通过对比传球距离与50次传球所需的时间，发现巴萨队在进球或丢球之前，其与其他西甲球队的传球网络存在明显不同。同时，研究者对20支西甲球队在进球和丢球前的50次传球组成的网络信息进行了可视化研究。

📖 网络科学揭秘巴萨队的技战术

足球比赛现场

网络科学分析为足球赛事的传球网络研究提供了一个新的视角，从而可以区分不同的球队，并将网络属性与球队特定的比赛风格相关联。研究者重点分析了球队在进球或丢球之前的传球网络，得出以下几点结论：

» 巴萨队可以在最短时间内完成 50 次传球网络，传球所需时间很短。

» 巴萨队需要更完美的传球线路，才能打败胜率较高的球队（与巴萨队的竞技水平相当的球队）。

» 巴萨队传球网络中的最短路径并不能决定比赛中是否进球或丢球。

» 巴萨队的反击和进攻节奏更快，导致传球线路更简单、有效。

» 巴萨队队员的传接球效率以及成功率很高，导致巴萨队的控球率普遍高于西甲其他球队。

» 巴萨队队员与核心球员之间的传球线路成功率更高。

» 巴萨队队员之间的凝聚力在丢球之后会降低，从而导致二次进攻的传球线路不合理。

» 巴萨队队员在触球之前的站位是相当分散的，但是一旦巴萨队取得球权，球员的分散程度就会开始降低，进而转换为进攻站位。

📖 网络科学让足球赛事更具观赏性

2009-2010赛季西甲联赛中，瓜迪奥拉正式出任巴萨队主教练。他一上任就巩固了梅西、哈维、伊涅斯塔等人的主力位置，同时大胆起用来自青训队的布斯克茨、佩德罗等小将。瓜迪奥拉将巴萨熟悉的全攻全守433打法改造升级为全新的Tiki-Taka战术，经过不断改进，最终获得了巨大成功。

瓜迪奥拉执教巴萨的4个赛季，总共带队参加了247场比赛，取得179胜47平21负的战绩，胜率达到了72.47%，率队夺得14座冠军奖杯，包括3个西甲冠军、2个欧冠（欧洲冠军联赛）冠军、2个西班牙国王杯冠军、3个西班牙超级杯冠军、2个欧洲超级杯冠军和2个世俱杯（国际足联俱乐部世界杯）冠军的奖杯。瓜迪奥拉时代的巴萨球队堪称"宇宙队"，所向披靡。

总之，网络科学分析结果将会直接影响主教练在用人、阵形、战术、临场指挥等方面的决策。当然，这些信息对于对战双方都将是透明的，也就是说，网络科学能够让对战双方都能做到真正意义上的"知己知彼"。

在这种背景下，球员的身体素质、对抗能力、技术，教练员的战术风格以及临场应变能力将成为比赛走向的决定性因素。这也意味着，借助于网络科学的足球赛事将更具观赏性。

Chapter 2

疯狂动物城

01 狗狗是如何读懂人类情绪的？

眼睛会说话的狗狗

狗狗与人类的关系非常特殊，是世界上一种独特、珍贵的关系。毋庸置疑，人类可以读懂狗狗的情绪，但关于狗狗能否读懂人类的情绪这一问题，还有很多争论。

在过去的几年里，科学家进行了大量实验，以研究狗狗是否有能力识别人类的情绪。研究表明，狗狗主要通过视觉和听觉结合、听觉、嗅觉三种途径来识别人类的情绪。

通过视觉和听觉结合线索识别人类的情绪

一项新研究表明，狗狗能够将人类高兴或悲伤的面部表情与其相应的声音进行匹配，通过视觉和听觉线索来识别人类的情绪。

在这项研究中，狗狗们被命令坐在两个屏幕前，研究人员在两个屏幕上为狗狗们展示高兴或愤怒的人脸图片，同时配以人类相应情绪的声音。

通过观察17只来自英格兰的宠物狗，研究人员发现，当展示高兴的人脸图片和相应情绪的声音时，狗狗们盯屏幕的时间最长；但给同样的图片配以无感情的声音时，狗狗们则表现得不感兴趣，盯屏幕的时间较短。

在另一项研究中，照片上的人类表现出六种基本情绪（恐惧、快乐、愤怒、惊讶、悲伤和厌恶）之一，研究人员观察狗狗在只看到这些人脸照片时的反应，发现狗狗会像人类一样使用左右脑来控制身体。大多数狗狗在看到快乐的表情时，头会向右转——表明它们用左脑处理正面情绪；在看到生气、恐惧的表情时，头会向左转——表明它们用右脑处理负面情绪。此外，当看到人类明显的情绪变化时，狗狗的心跳会显著加快。

在上述两项研究中，狗狗事先没有接受过任何相关训练，研究人员也没有让其对所展示的图片或音频预先熟悉。研究人员称，作为高度社会化的物种，狗狗能识别人类情绪的能力是非常有用的，这种能力可能是先天的，也可能是经过很多代的驯化后才得到的。

狗狗是人类的好朋友

📖 通过听觉线索识别人类的情绪

我们都知道狗狗的听觉非常敏锐，尤其是当你打开一盒新鲜狗粮的时候。研究发现，狗狗还能仅仅依靠听觉来识别人类的情绪。

在这项研究中，研究人员在房间中央放置一碗狗狗的食物，两边各安装了一个扬声器，用来播放相同音量的人类非语言声音，例如以笑声作为快乐的声音，以尖叫声作为恐惧的声音。

科学家想通过这个实验，了解狗狗听到特定的声音会把头转向哪边，观察结果将帮助研究人员确定狗狗是依靠大脑的哪部分来感知人类情绪的。

研究发现，当狗狗听到左侧扬声器里的尖叫声时，头会向左转；当它们听到右侧扬声器里的笑声时，头会向右转。但播放厌恶和惊讶的声音时，狗狗们并没有显示出明显的扭头行为，研究人员猜测，这是因为情绪的体现更依赖于具体情境，如果没有更多的信息，狗狗们可能不知道如何理解厌恶和惊讶的情绪。

总体来说，狗狗似乎只用耳朵就能听懂人类的情绪，至少可以理解快乐、恐惧的情绪。

📖 通过嗅觉线索识别人类的情绪

有句谚语说："动物能嗅出我们的恐惧。"研究发现，狗狗真的能"闻"到恐惧和其他情绪，而且也能切身体会到这些情绪并做出相应的反应。

发表在《动物认知》杂志上的一篇研究报告显示，狗狗仅仅通过嗅觉就能识别人类的情绪，并以此来调整自己的情绪和情感。当它们的主人"闻"起来很开心时，狗狗也会表现得很开心，对周围的陌生人更好奇；但当它们的主人"闻"起来很害怕时，狗狗会表现出很害怕的样子，并且会避开陌生人。

　　研究人员做了一系列有趣的实验，实验对象包括四十名男性狗主人、他们的狗狗——拉布拉多和金毛，以及一名陌生人。研究人员让狗主人们分别观看《闪灵》和《奇幻森林》两部电影，以表达出恐惧和快乐的情绪，并采集他们的汗液样本。然后，他们把主人、狗狗和陌生人带到同一个房间里，并让狗狗闻各个人在恐惧或快乐时的汗液样本。

　　研究结果显示，狗狗的情绪和反应与狗主人被采集样本时的一致。当闻到恐惧汗液样本的味道时，狗狗心跳加快，表现出更多的压力迹象，倾向于忽略陌生人，并向其主人寻求安慰；当闻到快乐汗液样本的味道时，狗狗对陌生人表现得更放松，还会好奇地嗅他。

　　尽管我们并不知道这种反应究竟是源于人类对狗狗的驯化，还是因为狗狗天生就有同理心，但这项研究无疑加深了人类对狗狗的了解。狗狗能够把来自不同感官的信息组合起来识别人类的情绪，它们是唯一被观察到有这种能力的生物——除人类自身之外。

　　下次和狗狗玩耍的时候，你可以试着看看它能否感受到你的情绪。

狗狗和主人同欢乐

02 狡猾的捕食者——座头鲸

座头鲸

座头鲸捕食是自然界中一种非常奇妙且震撼人心的景象，在食物充足的夏季，一头成年座头鲸每天会花费近20小时捕食，一天就能够吃掉超过一吨的食物。那么，它们是怎样进行捕食的呢？

🔶 冲刺式捕食法（lunge-feeding）

海洋中的庞然大物以非常小的海洋生物为食，这好像说不通，但是须鲸科鲸鱼——其中包括座头鲸——就是如此。座头鲸通过吞食大量的磷虾和小鱼来生存，当发现磷虾群或鱼群后，座头鲸会侧着或仰着身体加速猛冲，在接近鱼群或虾群时张开大嘴，下颌的褶皱张开，借助冲力将海水和食物一起兜进嘴里，再通过上颌那些梳子状的鲸须把海水过滤出去，将食物留在口中。

但是，鱼群通常反应迅速，会快速散开，座头鲸经常无法如愿获得丰盛大餐。那么，座头鲸还有更好的捕食办法吗？

📖 陷阱捕食法（trap-feeding）

一篇研究文章称，有些座头鲸会设置陷阱来捕食分散的鱼群中的幼年鲱鱼。鲸鱼专家通过对加拿大温哥华岛海岸附近的座头鲸进行观察和研究，发现在鱼群密度较小的情况下，座头鲸会把嘴张开一半，露出水面，给小型猎物一种错觉，认为这里有个安全的"避难所"。

此时，为了躲避潜水鸟类（最常见的是海雀）的捕食，这些鱼便自觉地聚集在座头鲸的嘴里或嘴的附近，此时，座头鲸便会"趁火打劫"，用它的胸鳍把鱼推进嘴里，从而诱捕成功。这种新的捕食策略被称作"陷阱捕食法"，座头鲸用此方法觅食，比在鱼群密度较大时用冲刺式捕食法觅食所消耗的能量要少。

研究人员自 2011 年以来就一直在观察这种捕食法，他们表示，这种方法正逐渐被座头鲸普遍用于觅食：研究开始时，只有两头座头鲸被证实会使用陷阱捕食法，到 2015 年，这一数字上升到了 16 头，而目前已经有超过 20 头座头鲸学会了对更小、更分散的幼年鲱鱼群使用这种策略。

这些结果表明，座头鲸有能力创造和学习新的觅食策略，这有助于它们更有效地捕食特定的猎物。

📖 气泡网捕食法（bubble-net hunting）

2018 年 4 月 5 日，美国杜克大学海洋机器人和遥感实验室的一架观察鲸鱼的无人机，在南极海岸拍摄到一对鲸鱼合作捕食的场景。这对鲸鱼顺时针、呈螺旋状地向上绕着磷虾游动，每隔一会儿就通过气孔释放出一串串气泡，将磷虾圈在当中，然后继续绕圈呼出气泡，使气泡圈的范围越来越小，从而用它们"织成"的气泡网将磷虾困在一个很小的区域内。当时机成熟时，这两头鲸鱼便从气泡圈底部向上垂直冲出，张开巨口，将浓密的磷虾群兜进口中。这就是著名的"气泡网捕食法"。

一对座头鲸把磷虾群困在螺旋状的气泡网中央

也许你会问：气泡能有多大威力，怎么可能挡得住磷虾群？事实上，由座头鲸喷出的气泡"织成"的气泡网的直径可以达到30米，如此巨大的气泡连成串，威力还是相当惊人的。

鳍状肢帮助捕食（pectoral herding）

一项研究表明，为了一口能够吞食更多的鱼，座头鲸还有新的捕食花招：吹完气泡网后，座头鲸用它们的鳍状肢在气泡网里助攻，制造第二个屏障，它们上下移动鳍状肢，引导鱼类向它们张开的嘴巴中游动。

这种方法的捕食效率更高。

这项研究的负责人表示，她对阿拉斯加东南部的鲑鱼孵化场里经常来觅食的两头座头鲸幼鲸进行了跟踪研究。她使用无人机，直接从空中拍摄到了座头鲸幼鲸使用气泡捕食战术，同时挥动胸鳍、捕食鲑鱼苗的场景：一头座头鲸首先使用气泡网捕食技术，将鱼群围在当中，然后扇动左边的鳍状肢，在水面上下做正弦运动，最后把鱼群赶进嘴里（被称为"水平驱赶"）。另一头座头鲸则将胸鳍竖起呈"V"字形，直接将鱼群包进口中（被称为"垂直驱赶"）。

通过对座头鲸的捕食方法的讨论可以看出，座头鲸足智多谋，再加上海洋哺乳动物有着高级的社会行为和沟通能力，相信它们的适应能力比我们想象的还要强。未来，座头鲸还将依靠一系列的进食策略来适应快速变化的生存环境。

03 黑猩猩朝树扔石头是在演奏"摇滚乐"吗？

如果你看到手上拿着石头的成年雄性黑猩猩，最好与其保持距离，而且千万不要盯着它看，你要是敢用表情对它说"瞅你咋的"，它马上就会拿石头砸向你的脑袋。

对动物学家来说，黑猩猩的这些行为其实不难解释。但令他们困惑的是，野生黑猩猩不但喜欢向人类丢石头，还喜欢朝树丢石头。这究竟是怎么回事呢？

有研究小组对几内亚比绍、几内亚、利比里亚和科特迪瓦等地的黑猩猩种群进行了14～17个月的观察，首次发现了一些成年雄性黑猩猩的奇怪行为。这些黑猩猩会捡起一块石头并大叫一声，把石头扔向一棵树，然后马上逃跑。有些树颇受这些黑猩猩的"偏爱"，那些树下已经堆积了不少石块就能证明。

黑猩猩为什么会向树发动攻击呢？有猜测认为，这很可能是种群间的信息交流行为，可能是为了传递危险信息，也可能是为了吸引配偶，还可能是为了宣示领地。比如有些雄性黑猩猩会用树枝敲打树干，目的是吸引雌性黑猩猩，吓跑其他雄性黑猩猩。

信息交流并不是黑猩猩特有的群体行为，在其他动物群体中也不罕见。一些动物会优化声音信号，比如有些青蛙会选择在树洞和排水管道中鸣叫，因为回声反射会扩散声音；还有些蟋蟀喜欢趴在树叶下鸣叫，以产生共鸣加大声响。

但一项新研究指出，黑猩猩扔石头并不是为了交流信息，而仅仅是因为它们喜欢听撞击的声音。该研究是由德国灵长类动物学家艾米·卡兰（Ammie Kalan）及其同事们共同完成的。2016年，他们首次报告了黑猩猩扔石头的行为，之后又对其展开了持续研究。

他们设计了一项实验来测试树被撞击时发出声音的音色差异——朝13种不同的树木扔石头，并录下相应的声音。

研究人员分析了这些录音中的撞击程度、音量、音色和声音的持续时间，发现黑猩猩最喜欢向声音低沉、音长较长的树扔石头。那些近地面部分凹陷比较深的树是最受黑猩猩欢迎的，因为将石头扔到树上时能够产生低频、悠长的声音，比如"Treculia"（特立树）。

卡兰表示，黑猩猩也有可能只是为了好玩。我们不能认为黑猩猩总是理性的，做任何事情总有严肃的社会学或生物学意义，其实黑猩猩本来就是动物界的游戏高手，它们最喜欢的游戏是在同伴走路时突然抓住它的脚，然后眼睁睁地看着同伴摔个嘴啃泥。

所以说，黑猩猩向树投掷石头的行为也许是一种纯粹的娱乐活动，也许是因为喜欢听树被撞击时发出的沉闷而悠长的声音。就像有些人喜

"摇滚天王"黑猩猩

欢听摇滚乐一样，黑猩猩可能是找到了最天然的乐器和音乐会场，把自然之声变为音乐之声，并沉醉其中不可自拔。

如果真是这样，那么黑猩猩的情感表达方式比我们想象的要丰富很多呀！

04 火烈鸟也有长期固定的亲密伙伴

2020 年 4 月 16 日，在内蒙古乌兰布和沙漠的一个湖泊中，当地民警观察到了五只火烈鸟的倩影，这是继 2019 年后火烈鸟再次出现在这里。世界极度濒危物种火烈鸟连续两年光顾同一地方，一时间引起了网友们的广泛关注。关于颇受人们欢迎的火烈鸟，你都了解哪些知识呢？

🔖 火烈鸟是白色的？

在看到民警发布的视频后，不少人感到奇怪：火烈鸟的羽毛不是粉红色的吗？为什么视频中的五只火烈鸟却是白色的呢？事实上，粉红色并不是火烈鸟本来的羽色，在小时候它们的羽色大多是灰色和白色的。

一身华服的火烈鸟

2008 年，荷兰的科学家发现了火烈鸟的羽毛呈现出粉红色的原因：火烈鸟以水中的藻类浮游生物和小鱼虾为食，而藻类和小鱼虾富含虾青素和螺旋藻，摄取来的虾青素和螺旋藻被保留在火烈鸟体内，亦会在羽毛中存积起来，使原本洁白的羽毛变成粉红色。

🧡 火烈鸟的友谊

2020 年，英国的生态学家研究发现，尽管火烈鸟的群居性很强，但它们总是和特定的亲密朋友待在一起，彼此之间能够建立长久、忠诚的友谊。

专家收集了加勒比海火烈鸟、智利火烈鸟、安第斯火烈鸟和小红鹳（小火烈鸟）四种圈养火烈鸟的数据，这些鸟群的规模从 20 多只到 140 多只不等，在结构和行为上与野生火烈鸟群体相似。

专家研究这些火烈鸟鸟群后发现，火烈鸟大部分时间都在大快朵颐，它们会经常整理羽毛，有时还会吵架。如果一只火烈鸟离另一只太近，它们就会用修长的脖子和巨大的喙来攻击对方；有时，它们会伸展脖子，比谁的脖子更长。

因此，专家将脖子的长度定为火烈鸟友谊的衡量单位：在坐着或站立时，如果两只火烈鸟之间的距离小于"一个脖子长度"，就被认为是朋友；当附近有其他火烈鸟，但它们之间的距离超过"一个脖子长度"时，就认为它们属于不同的亚群。

通过研究收集的数据，专家发现火烈鸟会选择性交友，而且它们形成的是长期友谊，而不是松散、随机的关系，这种友谊可能会持续几十年。

专家表示："火烈鸟似乎与人类一样，出于各种原因形成了友谊关系，且持续时间很长，说明这种友谊对火烈鸟的野外生存很重要。"

🔖 火烈鸟如何选择朋友？

火烈鸟是如何选择朋友的呢？专家在研究过程中发现了火烈鸟之间不同的社交关系，包括"已婚"伴侣、同性朋友、三四个亲密伙伴，并推测性格和颜色是火烈鸟选择朋友时的两个主要因素。

专家说："鸟群吵闹而忙碌，也许火烈鸟们也不希望有更多的压力。因此，它们会倾向于寻找一个性格相似的伙伴，这样彼此之间不会发生冲突。"

一些拥有明艳粉红色羽毛的火烈鸟常常聚在一起。研究表明，大红鹳（大火烈鸟）能够通过整理羽毛让毛色变得更鲜亮，这可能有利于它们成为更受欢迎的朋友和伴侣。

友谊对火烈鸟来说非常重要。专家特别强调，在将火烈鸟从一个动物园转移到另一个动物园时，应注意不要将关系密切的火烈鸟分开。而且鸟群规模要尽量大一些，这样，不同性格的火烈鸟找到和自己合得来的伙伴的可能性就更大，也更有利于保证它们的健康。

火烈鸟喜欢结群生活，然而由于栖息地受到破坏，这些鸟类常常无

喜欢过集体生活的火烈鸟

法成群地生存，以至于野生火烈鸟的数量每年都在减少。一只单独的火烈鸟不是快乐的火烈鸟。

对火烈鸟的生活环境问题，我们应该重视起来。保护独特而脆弱的生态系统，不要让火烈鸟失去它们的朋友，更不要让壮观的粉红色鸟群永远消失。

05 壁虎的脚掌有什么神奇之处？

我们都知道壁虎是爬墙高手，也是每个攀岩者羡慕的对象。它们可以用四只脚紧紧地贴在墙壁上，也可以倒着爬过天花板，甚至可以只用一个脚趾垫吸住天花板，将自己悬在半空。

很多人认为壁虎的脚掌很像吸盘，能够利用压强差吸在墙壁上。但事实并非如此。你知道壁虎的脚掌有什么神奇之处吗？

📖 壁虎可以飞檐走壁的原因

20 世纪 60 年代，科学家利用扫描电镜发现了壁虎脚掌上错综复杂的黏附系统结构：壁虎脚掌的黏附系统是一种多分级、多纤维状表面的结构，它们的每个脚趾上都长着数百万根长度为 30～130 微米的刚毛，每根刚毛末端又有 100～1000 根长度及宽度为 0.2～0.5 微米的铲状绒毛。

这种精细结构究竟有什么用处呢？美国专家通过实验证实，壁虎的脚掌具有超强黏附力，是因为大量的刚毛和物体表面的分子间存在一种作用力，即范德华力。范德华力是分子间距离非常接近时产生的一种微弱电磁力。

由于壁虎的多分级黏附系统结构非常精细，微观上接近理想光滑结构，因此，壁虎的脚掌能够轻而易举地与各种表面达到近乎完美的结

壁虎的脚掌

合，这样一来，大量的范德华力凝聚成的超强黏附力就足以支撑壁虎的体重了。

专家通过微电子机械传感器，测量了从壁虎脚上取下的一根刚毛对物体表面所施加的横向和垂直方向上的力，实验表明，壁虎脚掌上单根刚毛的最大黏附力约为200微牛。

通过计算，一只大壁虎脚掌上的刚毛数量约600万根，可以产生高达1300牛顿（约133千克力）的黏附力，其承受的重量相当于两个普通成年人的体重。现在，你知道壁虎可以飞檐走壁的原因了吧？

📖 壁虎是如何做到"水上漂"的？

牛津大学的生物物理学家称，他们通过对高速摄像机拍摄的壁虎"水上漂"的画面进行研究，解释了壁虎"水上漂"的原理。

高速踩踏水面。壁虎能以将近1米/秒的速度飞奔过水面，在这个过程中，水面和脚面之间能够形成一个空腔（空气层），让壁虎可以漂在"空中"，同时在踩踏水面的过程中形成一种向上的力量，使壁虎的头部

壁虎"水上漂"过程图

始终保持在水面以上。

水的表面张力对壁虎来说至关重要。专家发现，当在水箱中加入一块肥皂以降低水的表面张力时，壁虎"水上漂"的速度会降低近58%，这证明壁虎是利用水的表面张力进行奔跑的。

壁虎拥有令人惊奇的超疏水性皮肤。这种皮肤可以排斥水分，并提高壁虎浮在水面上的能力。

利用尾巴的摆动。当壁虎受到自身重力影响，快要沉到水面以下时，它会借助尾巴拍打水面，摇摆前进。

📖 "壁虎脚"的仿生学

2020年，有专家表示，他们受壁虎爬行的启发，开发出了一种制作黏合材料的新方法，不但能够节约成本，实现大规模生产，还可以将利用这种方法制作而成的多功能抓具推广到制造业。

这种新方法，即将原料倒在光滑的表面而非模具上，让聚合物部分凝固，然后将实验室用的刀片浸入其中。当原料在刀片周围稍稍溢出时，拉出刀片，留下微米级的缺口，这些缺口就会被所需的黏附壁包围。

专家称："受壁虎启发制作的抓具上不含胶水或粘胶，它可以抓起盒子等扁平物体，也能抓起鸡蛋和蔬菜之类的弯曲物体，甚至可以黏附在除特氟龙①以外的其他任何物体上。"

---

① 特氟龙：聚四氟乙烯（Polytetrafluoroethylene）的别称，英文缩写为PTFE，俗称"塑料王"。

06 天国神鸟——极乐鸟

一只雌性极乐鸟在求偶期间观察
一只雄性极乐鸟

红羽极乐鸟

每一种鸟都有自己独特的色彩，多姿多彩的鸟类是地球上不可或缺的重要成员。谈到世界上最绚丽的鸟，大多数人可能会首先想到孔雀，它们开屏时的美妙身姿总是被人们津津乐道。

除孔雀外，漂亮的鸟类还有很多种，比如生活在新几内亚岛丛林里的极乐鸟（也称天堂鸟），羽毛缤纷艳丽，较之孔雀有过之而无不及。

极乐鸟家族的特色标签

在极乐鸟这个大家族中，最著名的当属红羽极乐鸟，也称新几内亚极乐鸟。它们拥有一对如同金色丝线般的修长尾羽，两胁之下的羽毛非常蓬松，绚丽的饰羽能竖起来盖在背上，遮住翅膀。

　　王极乐鸟被称为"极乐鸟中的活宝石"，是极乐鸟中个头最小的品种，体长约15厘米，重约50克，小巧玲珑，形象奇特，非常讨人喜爱。王极乐鸟雄鸟有绯红色的背、雪白的腹部和亮蓝色的脚，鹅黄色的小嘴看起来几乎透明，明亮的小眼睛周围仿佛被画上了浓浓的眼线和睫毛，尾后还插着两支与身体几乎等长的饰羽，末端还有螺旋状羽毛。

王极乐鸟

　　极乐鸟家族中头饰最美的要数阿法六线风鸟和萨克森极乐鸟，它们的头部有6根金属丝般的羽毛向后伸出，好像几面小旗帜。

　　萨克森极乐鸟是极乐鸟中的"美猴王"，它们的眼睛上方长有一对细长的羽毛，就像京剧行头中的翎子；它们的羽毛上还镶嵌了近40片珐琅质的方形裂片。

　　这些极乐鸟，冠羽和尾羽五彩缤纷、形态各异，在鸟类世界中别具一格，是极乐鸟家族的特色标签。

📖 极乐鸟是仅靠颜值求偶的吗？

　　科学研究表明，雌性极乐鸟的择偶偏好推动了身体和行为特征的演变，这些特征可能与雄性求偶的地点（地面或树上）有关。

科学家指出，雌性极乐鸟不仅要评估雄鸟的颜值，同时还要评估它们唱歌和跳舞的能力。雌鸟会根据它们偏好的某些特征选择配偶，以提高这些特征得以遗传给后代的概率。科学家认为极乐鸟的某些行为和特征是相关的，例如：

» 随着雄性身上颜色种类的增加，它发出声音的种类也随之增加。

» 在群体求偶中，炫耀的雄性身上有更多的颜色的话，能够在竞争者中脱颖而出。

科学家表示："在地面跳舞炫耀的雄性极乐鸟，比在树梢上展示的舞蹈动作更多。在地面上，雄性可能需要增强自己的舞蹈能力来吸引雌性的注意。"

其中，求偶方式最有趣的莫过于华美极乐鸟，这种鸟的雄鸟求偶时会把翅膀像扇子一样张开，除了胸前的蓝色羽毛和明亮的眼睛，整个身体呈一片漆黑，根本无法分辨它们的其他部位。

华美极乐鸟的羽毛有多黑？

人们对华美极乐鸟印象深刻，或许是因为它"魔性"的舞步，又或许是因为明亮的天蓝色看起来像个滑稽的表情包，当然还有一个更重要的原因：它的羽毛实在是太黑了。科学家通过对 32 种具有超黑色羽毛的鸟类和 22 种具有普通黑色羽毛的鸟类进行分组检测，发现超黑色羽毛鸟类组中，鸟的羽毛对光线的反射率低得惊人，即 0.045% ～1.97%，而对照组黑鸟的反射率为 2.32% ～6.26%。这种极低的光线反射率，使得华美极乐鸟的黑色羽毛看上去毫无光泽。

其实，雄性极乐鸟绚丽的彩色羽毛和奇异的舞姿都是异性吸引的结果，暗淡无光的黑羽毛也是这样演化而来的。超黑色的羽毛会把极乐鸟身上相邻的彩色羽毛衬托得格外醒目，从而获得雌性的青睐。

新几内亚岛热带丛林中的极乐鸟几乎没有天敌，它们在漫长的岁月里无忧无虑地生活与进化，获得了一身漂亮无比的彩色羽衣。

极乐鸟是舞蹈界的佼佼者，其优美的舞步令人难忘。

Chapter $\underline{3}$

解忧杂货铺

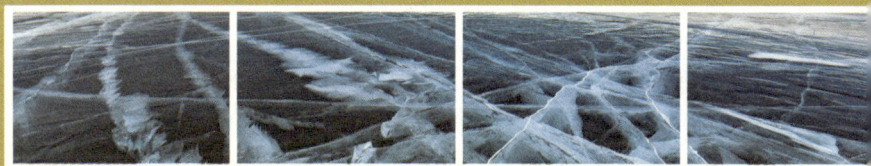

01 破解百年难题：冰为什么这样滑？

为什么速滑运动员在冰上滑行的时速可以高达 56 千米/小时？为什么花样滑冰运动员在冰上可以做出令人眩晕的旋转动作？为什么一个重达 18 千克的冰壶可以在冰上快速滑行？

所有的冰上运动都依赖一个物理现象——冰很滑。在过去的 200 年里，科学家一直在努力解释冰为什么滑，或者说为什么人在冰上行走容易滑倒。

🔖 回想一下冰是什么

对宇宙中的大多数物质来说，当它变成固态时，组成它的分子会更紧密地排列在一起，体积也会变小。因此，物质在固态下的密度通常比其在液态下的密度大。

然而，冰是个例外。当水变成冰时，水分子之间形成的特殊氢键会占据更大的空间，使得冰的体积变大、密度变小——这正是冰能浮在水上的原因。

对科学家来说，这是找出"冰为什么这样滑"这个百年难题的答案的一条重要线索。

假设 1：压强会使冰融化。

对于"冰为什么这样滑"这个问题，最常见的解释就是：压强会使冰融化。冰有一个非常奇怪的性质：在很大的压强下，冰的熔点会降低，重新变成水。这是因为冰的密度比水小，如果受到挤压，会变得不

炫酷的冰封世界

那么稳定，并融化。

我们可以用一个非常简单的实验来证明这种效应：取一段铁丝，在其两端各绑一个重物，然后把它横在一大块冰上，结果，铁丝会在冰面上切割出一个整齐的切面；一旦铁丝穿过冰面，冰面就会重新冻结起来，这个过程被称为冰的"再生"。

有人认为这就是冰刀鞋的滑行原理：冰刀对冰面施加的压强使足够多的冰融化，从而减少了摩擦力。不过这里面也有个问题：要想让冰在适当的温度下充分融化，压强必须足够大。

一个体重为70千克的人穿着冰刀鞋站在冰上，只能让冰的熔点从0℃降低到－0.017℃，而花样滑冰场地的温度通常保持在－4.44℃左右。也就是说，人所施加的压强不足以使冰融化。

因此，虽然这种假设（通过加压使冰融化）没有根本错误，但这种方法完全行不通。根据测算，要让冰的熔点降低到 -20℃，大概需要 19 个标准大气压的压强。这相当于在冰面上放了 14 米高的水银柱，或是 80 个体重为 70 千克的人相叠，而且是单脚立于冰面之上。另外，压强使冰融化也不是瞬间发生的。

假设 2：摩擦使冰融化。

压强使冰融化，无法解释冰刀为什么能在冰面上快速滑行。那么，冰刀在冰面上快速滑动时产生足够的热量能使冰融化吗？

这应该是正确答案的一部分，但并不能解释为什么冰从一开始就格外地滑。在冰上走过的人都知道，当你的鞋底一碰到冰面就可能滑倒，而你的鞋底显然没有足够的时间产生足够的热量去融化一层冰。

假设 3：冰表面有层非常薄的物质。

物理学家发现冰有一个迷人的性质：冰的表面有一层薄薄的介于液态水与水之间的物质。他做的实验很简单，你也可以在家做这个实验：在冰箱里冻两块冰，并快速地把它们堆叠起来，几小时后它们就冻结在一起了。

为什么两块冰会冻结在一起呢？物理学家猜测，这是由于每块冰的表面都有一层薄薄的液态水，两边的液态水接触时会凝固成冰，水分子相互紧紧地抓住，从而使两块冰冻结在一起。

1987 年，科学家通过 X 射线成像证实了这层液态水的存在。研究显示，这层液态水非常非常薄，最准确的估计是它在 -1℃ 时的厚度为 1～94 纳米，大约是细菌尺寸的 1000 倍，正是这层非常薄的液态水的存在，使冰变得格外光滑。

2020 年，科学家用极高分辨率的显微镜看到了冰表面的液态水层。当水变成冰时，各个独立的水分子通过氢键相互抓住，在晶体结构中彼此固定，但是冰表面上的水分子所能附着的其他水分子较少，这使得它们更加无序，最终使冰变得很滑。

🔖 冰刀接触到冰时会发生什么？

专家解释，冰的表面有一层非常薄的液态水，这是溜冰鞋能在冰上瞬间高速运动的原因。当冰刀在冰面上加速时，会产生更多的摩擦，使更多的冰融化成水。

溜冰者向前滑动，冰刀滑过冰面，在冰面上刻出一条长长的冰道，并产生更多的摩擦和使更多的冰融化——所有这一切在瞬间发生，让溜冰者得以在薄薄的水层之上快速滑行。

有趣的是，专家估计，在-30℃的温度下滑冰是非常困难的。虽然这样的温度下冰面仍有一层很薄的液态水，但是要产生足够的热量来融化其余的冰则需要极大的摩擦力。

此外，在这样的低温环境下，冰面上的薄水层会变得更薄，这时候在冰上滑行的话，就像在沙砾上滑行一样。不过话说回来，有谁会在-30℃的时候去滑冰呢？

02 背单词的黄金时间竟然是睡觉之前？

很多学生都为背英语单词而头疼不已，他们每天花费大量时间和精力背单词，却没什么显著效果。背单词难道真的要日复一日、年复一年地重复吗？究竟有没有什么好方法呢？

一项新研究表明，小学生在临睡前学习英语单词，能够记住的概率更大。

"犹豫"是个好兆头

研究人员判断学生是否掌握了新单词（尤其是术语），通常看他是否会将这个单词和另外一个听起来极其相似的单词混淆。专家表示，"当

背单词的孩子

我们听到或阅读某个单词时，会同时唤起多个候选词。比如听到'英国脱欧'（Brexit）时，可能会想到'早餐'（breakfast）"。

这个时候，学生如果想要弄清楚听到的究竟是哪个单词，就意味着他已经开始习惯新学习的单词了。德籍华裔教育专家亨德森·杨认为，人通常在睡眠期间才会发生这样的"混淆记忆"，那么，究竟睡前多长时间内学习新单词，才有助于"混淆记忆"的发生呢？

专家通过"潜在混淆"（potential-confusion）测试，观察8～12岁的学生对新词汇表的记忆程度。参与测试的学生学习了此前从未听说过的新单词，这些单词听起来都和他们已经学会的某些单词非常相似。

在测试中，研究人员安排一些学生在早晨学习这些生词，安排另一些学生在晚餐后学习，参与测试的学生在第二天早晨接受记忆测试，研究人员给出单词的首尾字母，由学生将单词补充完整。

研究发现，如果学生要将新单词记得更牢固，他们需要花费更多的时间来发现新单词与已学的相似单词的区别，在测试中填空的时间也会更长。换句话说：在测试中答题过快的学生，其实并没有将新单词真正纳入记忆中；而答题较慢的学生，记忆反而更牢固。这似乎颠覆了我们的固有认识。

📖 睡眠和记忆力的联系

"睡眠和记忆都是神秘莫测的，"专家称，"我们知道睡眠时间和质量会影响学习和记忆能力。充足的睡眠能让我们集中精力，从而进行有效的学习，高质量的睡眠有助于我们巩固所学知识。目前，神经学家正在研究记忆的不同方面是如何与睡眠的不同阶段协同工作的。"

记忆是一个复杂的过程，睡眠起着至关重要的作用。

要想让我们的记忆功能正常运作，必须经历以下三个步骤：

　　» 第一步，当我们学习或体验新事物时，会开始进行"习得"；

>> 第二步，"巩固"，即稳定大脑中的新信息，使其保持不变的过程；

>> 第三步，"回忆"，这是让信息在被储存后重现的能力。

"习得"和"回忆"发生在我们清醒的时候，"巩固"则发生在睡眠期间。

📖 睡个好觉的价值

专家发现了一个有趣的现象：那些词汇基础好的学生，并不会因为是在早晨还是在晚上学习而影响记忆效果；而那些词汇量较少的学生如果在晚上学习会更有助于他们记忆新词。

专家初步推测，那些词汇量较少的学生可能对词汇（尤其是术语）的记忆力较差，睡前学习很可能有助于挽救那些更脆弱的记忆。

虽然这只是初步推测，但这些研究结果可能表明，在睡前背单词，有助于提升学生记忆新单词的能力。尤其对那些词汇量偏少的学生来说，讲一个睡前故事或许能够帮他们记住更多新单词。

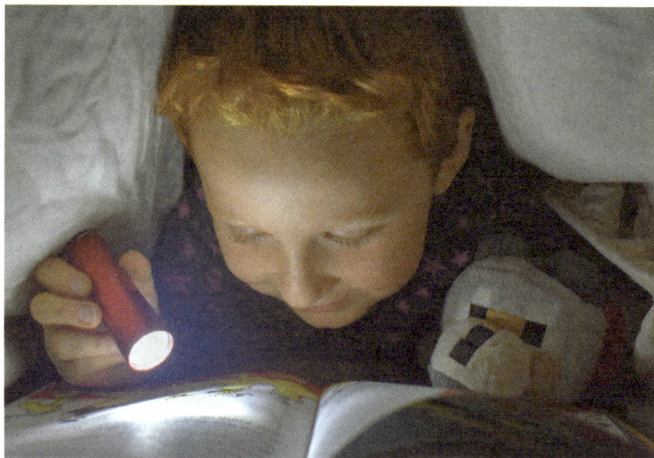

爱读书的孩子

目前，研究人员正在对5~7岁的儿童进行睡前故事的测试研究。当然，阅读时间并不是固定的。专家认为，任何时候阅读词汇量丰富的书籍都是有益的。

这么看来，睡个好觉真是很棒的事情，不仅能让我们抛开烦恼，迎接新的一天，而且睡前学习还能帮我们更好地记忆单词。不过话说回来，记忆新单词可不是睡一觉就能解决的事情，还得踏踏实实地学习呀！

03 为什么有的材料能防火？

火中的钻石

　　消防安全非常重要。历史上造成许多人员伤亡的多起重大火灾，就是由于消防措施不当。

　　1903 年，舞台灯迸出的火花导致美国芝加哥的一家剧院发生重大火灾，由于安全出口太少，剧院内许多观众无法逃生，最终造成 600 多人死亡。诸如此类，不胜枚举。

　　如今，随着材料科学的发展，耐火性建筑和装饰材料在一定程度上降低了大型火灾事故的发生率。那么，你是否知道钻石也可以燃烧？又是什么原因使得有些材料具有防火性呢？

📖 钻石可以燃烧吗？

和煤炭一样，钻石的组成元素也是碳，与煤炭相比，钻石开始并持续燃烧需要更多的时间。但只要创造合适的条件，施加适当的热量，并给予足够的氧气，坚固的钻石与氧气发生反应，是可以燃烧的。

专家表示，在室温环境下，钻石会在约900℃时燃烧起来。相比之下，高挥发性的煤炭（含有大量易挥发气体的煤炭）会在约667℃时燃烧，而木材会在300℃或更低温度时开始燃烧。

钻石被加热时，首先会发出红光，接着变成白光。高温会使钻石表面与空气发生反应，从而将碳转化为无色、无味的一氧化碳（CO）。专家表示："碳和氧气发生化学反应产生一氧化碳的过程中会释放热量，热量增加会产生更多的一氧化碳，从而结合更多的氧气。"

然而，这样的燃烧只是产生微弱的火光而已。要想让钻石的表面产生火焰，需要浓度为100%的氧气，而不是氧气含量仅为22%的室内空气。氧气浓度高，化学反应才能不断延续下去。钻石燃烧生成的一氧化碳与氧气结合后，钻石的表面就会产生舞动的火苗了。

📖 为什么有些材料能防火？

其实"防火"这个词不太恰当，因为，只要有足够的热量，几乎所有含碳的材料都能燃烧。"耐火"和"阻燃"才是更准确的术语，正确使用这两种措施，就可以中断燃烧过程。

耐火材料是指不易燃烧的材料，例如用于橱柜台面的人造石材就属于耐火材料。台面上布满了由水合氧化铝制成的细磨石，而水合氧化铝是一种不会燃烧的化合物。

专家解释，水合氧化铝受热后会释放出结晶水，同时会吸收热量，降低燃烧的温度。

耐火材料使得火灾难以发生，而被称为阻燃剂的化学物质能让已经燃烧起来的火变小或者被扑灭。那么它是怎么阻燃的呢？我们需要先了解一下灭火的原理。

燃烧就像是一个有着三个头的怪兽，只要斩掉其中一个头，就能有效杀死它。这三个"头"分别是热量、燃料和氧气。不过很多时候也需要考虑第四个"头"——链反应。在有氧气的情况下，将热量施加到燃料上就会引发火灾，火灾一旦发生，将自动燃烧完所有可用的燃料，这种自动且永久的传播反应称为链反应。这四个"头"便是燃烧的四要素。

除了花岗岩和石棉是真正的防火材料之外，其他大多数材料只能通过消除燃烧四要素中的一个或多个要素来降低可燃性。

阻燃剂起作用的一种方法是形成泡沫状炭层，比如：当一片面包被烤焦时，外部会形成焦炭，从而将内部未受损的面包隔离开来。与之类似，用这种阻燃剂处理过的物体起火后，阻燃剂内部发生的化学反应会产生气泡，形成多孔泡沫状炭层，这种炭层不易燃烧，并且可以将燃料与氧气和热量隔离开，从而达到阻燃的目的。

市面上有许多类型的阻燃剂，例如铝镁系阻燃剂、磷系阻燃剂、氮系阻燃剂等。无论是耐火材料还是阻燃剂，它们的阻燃效果都很不错。不过，我们最应该做的是安全用火，不要在易燃物旁使用明火。

火焰熊熊

04 酒精检测仪是如何鉴别酒驾的？

19 世纪 80 年代，卡尔·奔驰（Carl Benz）推出了世界上第一辆汽车，自那时起，酒驾逐渐成为非常严重的问题。

1954 年，酒精检测仪（Breathalyzer）问世，它是一种检测血液中所含酒精浓度的仪器。

你知道酒精检测仪是如何被发明出来，又是怎样检测酒精浓度的吗？

📖 摄入酒精对驾驶的影响

开车时，我们需要完全控制自己的感官，提高警惕，安全驾驶，在遇到突发情况时，要在最短时间内采取行动。但酒精的摄入会对人的上述行为产生负面影响。

酒精不像食物一样摄入人体后会被消化，而是会通过胃壁和肠壁扩散到血液中。酒精具有较高的水溶性，一旦进入人体，就会随血液到达人体各个组织。因此，包括心脏、大脑、肺和肌肉在内的人体主要器官和组织中的酒精浓度都将会与血液中的酒精浓度相同。尤其是酒精进入大脑后，会增强抑制性神经递质的作用，这将导致脑细胞的反应和交流变得迟钝。另外，酒精还会降低人体小脑的效率，从而损害我们的视觉和运动技能。

📖 酒精检测的发展历程

20 世纪初，鉴别酒驾的唯一方法就是查找司机的异常行为，比如急转弯、超速驾驶、驾驶员眼睛充血等，但法律上并没有给出酒驾的定义。

1931年，美国专家发明了用于测量呼吸中酒精浓度的醉度测量器（Drunkometer）。

1939年，美国印第安纳州通过了第一部以血液里的酒精浓度来判定是否醉酒的法律，即血液酒精浓度（Blood Alcohol Concentration，简写为BAC）大于等于0.15%的驾驶员被认定为醉酒驾驶，后来该标准降低至0.1%。

1954年，一位美国警察发明了一种酒精检测仪，这种仪器更易操作，且检测结果更精确。

随着科技的发展，酒精检测仪品种越来越多样，不同国家使用的仪器也各不相同。有的仪器装置固定在汽车仪表盘上，驾驶员发动引擎前必须通过酒精测试，否则无法发动引擎。

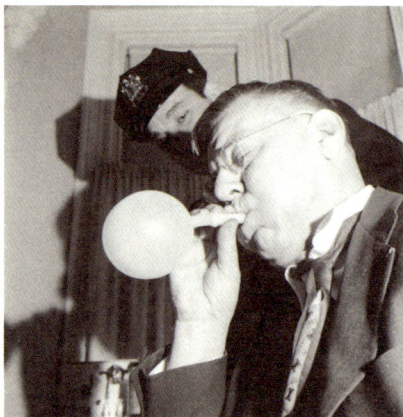

一名涉嫌酒驾的司机正在接受酒精测试

📖 酒精检测仪的工作原理

酒精检测仪中有一个与仪表相连的光电池系统和两个装有硫酸（H_2SO_4）、重铬酸钾（$K_2Cr_2O_7$）、硝酸银（$AgNO_3$）和水（H_2O）的混合物的玻璃瓶，其中一个为测试瓶，另一个为标准瓶（不含酒精）。

检测酒精时，驾驶员对着仪器吹气，气体样本会在经过测试瓶时发生化学反应。在反应过程中，硫酸将酒精（C_2H_5OH）从气体中分离出来，同时提供反应过程所需的酸性条件。酒精与重铬酸钾发生反应生成硫酸铬$[Cr_2(SO_4)_3]$、硫酸钾（K_2SO_4）、乙酸（CH_3COOH）和水。硝酸银是这种化学反应的催化剂，可以加快反应速度，但不参与反应。

在此反应过程中，橙红色的重铬酸盐离子与酒精反应后会生成绿色的铬离子，颜色变化的程度与呼出气体中的酒精浓度直接相关。当一个光源照射两个玻璃瓶时，光电池系统能够测量化学反应发生时的颜色变化，而颜色从红橙色到绿色的变化决定了测试瓶和标准瓶的透光率差异。

通过观察透光率差异，并根据朗伯-比尔定律（该定律表明了光的衰减与光传播所通过有色溶液的性质之间的关系）就可以进行定量分析，从而确定反应过程中绿色硫酸铬的酒精浓度。由于绿色硫酸铬的量取决于反应过程中酒精的含量，因此，它间接表明了呼吸中的酒精浓度。

酒精检测仪

📖 呼气酒精浓度与血液酒精浓度

那么，呼气酒精浓度和血液酒精浓度相同吗？答案是：不相同。人在喝酒时，酒精会进入血液并随之在全身流动，随着血液流经肺脏，部分酒精会穿过肺泡的薄膜排到空气中，这是因为酒精会从溶液中挥发，即具有挥发性。

不过肺泡中的酒精浓度与血液中的酒精浓度是有关联的，呼吸时，肺泡中的酒精能够被酒精检测仪检测到。检测人员通过测量呼吸中的酒精，即可得出血液酒精浓度（BAC）。

呼吸时的酒精浓度与血液酒精浓度的关系为：血液酒精浓度=呼气酒精浓度×2100。也就是说，呼吸时每呼出一毫升酒精，血液中约有2100毫升酒精。

现在，酒精检测仪已经被广泛使用，但不同国家对酒驾醉驾制定的法律标准不同。对于驾驶员，印度允许的最高血液酒精浓度为0.03%，美国为0.08%，西欧为0.05%，匈牙利、日本、伊朗等许多国家对酒驾行为采取零容忍政策。

我国法律规定，驾驶员的血液酒精浓度大于或等于0.02%且小于0.08%为酒后驾车，大于或等于0.08%被定性为醉酒驾车。

生命只有一次，我们不能抱有侥幸心理，要珍爱生命，拒绝酒驾。这不仅是对自己负责，也是对家人、对社会负责！

05 关于红外线，你需要了解这些知识

目前，新冠肺炎疫情的阴云还未散尽。在这次疫情中，红外体温计几乎成为公共场所的标配，将"红外线"（Infrared）这一概念引入公众视野中。

或许你听说过很多红外线产品，例如体温计、夜视仪，以及近几年颇为火热的红外保健产品。那么，红外线究竟是什么？它又有哪些特征和用途呢？

📖 红外线是什么？

红外线也称红外光。英国天文学家在对太阳光的热效应进行研究时，发现光谱中红光边界之外有一片黑暗区域，这里的温度不但没有下降，反而更高，即在红光外侧存在具有较强热效应的不可见光。

在后来的研究中，人们将这类从可见的红光到电子学中微波区边界之间波长为0.76～1000微米的电磁波称为红外光。

根据电磁学理论，带电粒子的变速运动都会发射或吸收电磁辐射。红外线和紫外线、可见光、微波、无线电波等一样，都属于电磁波（电磁辐射）。

📖 红外线的作用

小到雪花，大到天体，几乎所有物体都可以产生红外光。与所有电磁波一样，红外光可以被物体吸收和反射。无处不在的红外光可以帮助我们看到物体。在现代科技中，无论是用于天文观测的红外相机，还是

用于军事领域的红外夜视仪，都是利用这种红外光来成像的。

红外成像并不是让我们真正看到了物体，只是通过物体发出或反射的红外线让我们获知了物体的一些属性，如位置、轮廓或温度。

红外线作为一种不可见光，并没有颜色。在一些情况下，人们还会使用红外光源，例如夜视摄像头就配有红外灯为摄像提供光源。在军事领域，红外夜视装备可以和红外探照灯相配合，让夜间战场变得亮如白昼。

具备夜视功能的摄像头，镜头周围的零件即为红外补光灯

T-90主战坦克，主炮两侧的红外大灯可以为夜视仪提供光源

隐形的"信使"

作为一种光源，红外光本身也包含着信息。将不同物体所发出的红外光进行整理、归类并记录其特征，就可以根据红外特征识别物体。换句话说，借助红外线不仅可以"看见"世界，还能"认识"世界。

红外线产生的微观原因是分子的变速运动。在不同温度下，物体的分子运动会产生不同波长和强度的红外线。以常见的热红外探测器为例，当物体的温度升高时，分子运动更剧烈，物体会以红外线的方式释放更多能量。

远红外桑拿房

根据斯特藩-玻尔兹曼定律，黑体辐射的总能量和温度的四次方成正比，通过测量物体单位面积的红外辐射强度，并对环境温度、发射率、测量距离等干扰因素进行补偿，可以反推物体表面的温度。被广泛应用的红外体温计大多是基于这一原理设计的。

所以，红外温度计大都是被动地接收物体所发出的电磁波，不会向外释放能量，一些型号的红外体温计发出的红光也并不是红外线，只是用于确定测量位置的微弱可见光。

更有趣的是，红外线还可以被调制为包含二进制信息的脉冲信号，用于传递信息，如价格低廉、结构简单的红外通信设备，它们被广泛应用于家电遥控等领域。

📖 远红外线治疗

此外，红外线逐渐被广泛应用于医疗保健领域。红外线的波长范围较宽，根据波长分为近红外线（0.7～3微米）、中红外线（3～6微米）、

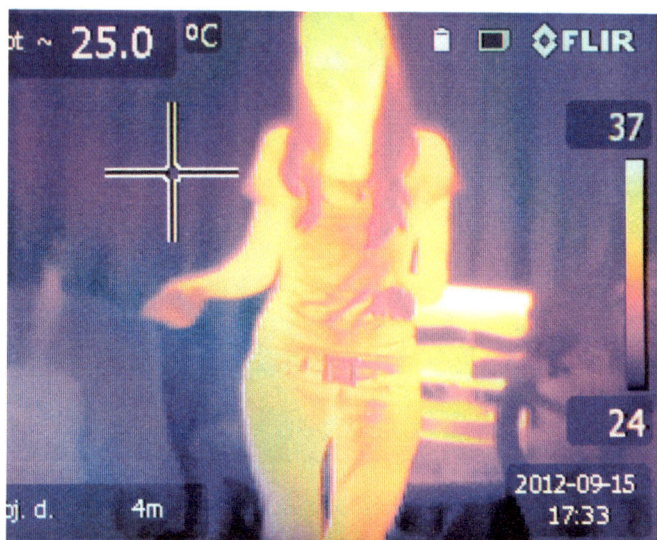

红外线成像示例

远红外线（6～15微米）、极远红外线（15～1000微米）。

其中，波长为4～15微米的红外线对身体健康有益，它能够穿透皮肤，与人体内的水分子产生共振辐射，或是与三磷酸腺苷（ATP）等蛋白质结构发生作用，从而改善人体机能。

远红外保健产品所宣称的促进损伤自愈、血管扩张、改善循环、调节血压以及消炎止痛的作用原理都基于此，红外保健设备通过特定的装置对人体产生远红外线，就可以达到理疗的效果。

此外，通过特定的涂层，有些穿戴产品还可以把人体产生的远红外线反射回人体，例如红外护膝、红外贴等。这种设计依靠人体产生的微量远红外线的能力，达到保暖或辅助治疗的目的。但是，在采用红外线产品方面，应该根据医生和专业人士的建议按需选用。

只有了解了红外线的基本知识，客观理性地对待红外线，才能更加"看清"这个世界。

06 神奇的地质地貌景观

　　世界上有许多奇特的地质地貌景观，让人惊叹大自然的鬼斧神工。这些奇特瑰丽的景观，使世界变得更加多姿多彩。那么，你都知道哪些壮丽的自然景观呢？

📖 水晶洞穴

水晶洞穴

　　墨西哥奇瓦瓦沙漠奈卡山脉一带，有着世界上最大的地下水晶洞穴。科学家在那里发现了一种大型石膏晶体，其长约 11 米、厚约 1 米，形成于 54℃～58℃ 的潮湿环境。

晶体的生长速度非常慢，大约每秒增长 14 费米①。按照这种缓慢的生长速度，一块晶体需要 2200 多年的时间才能长 1 毫米，想要达到两层楼的高度，需要长达 100 万年。据科学家推测，这些晶体的微观液体内可能含有微生物。

撒哈拉之眼

撒哈拉之眼位于非洲撒哈拉沙漠西南部的毛里塔尼亚境内，也被称为"理查特结构"。从高空俯视，撒哈拉之眼就像一个直径为 50 千米的箭靶，在早期太空任务中，曾被当作地标使用。

科学家认为，撒哈拉之眼的形成是由于地形抬升，且随着时间的推移，被风和水不断侵蚀。在相同的自然条件下，坚硬的岩石受侵蚀的程度较轻，比如一些古生代石英岩基本保持了原貌，而较软的岩石则被严重侵蚀，形成大坑。

撒哈拉之眼

①　1 费米为 10^{-15} 米。

巧合的是，这些受侵蚀的岩石恰好组成了三个同心圆，形成了这个奇异的"眼睛"。

📖 巨人堤道

巨人堤道位于北爱尔兰，由四万多根连绵有序的火山岩柱组成。这些岩柱大部分是六边形，或其他多边形。

民间有一种传说：巨人堤道是由爱尔兰巨人芬·麦库尔建造的，他将一个个岩柱移到海底，想通过它们穿过海洋，去苏格兰和他的劲敌芬·盖尔交战。

研究人员表示，巨人堤道是由6000万年前从地球表面裂缝中流出的熔岩形成的，随着时间的推移，熔岩冷却成蜂巢状，慢慢形成了这些高约12米的岩柱。

巨人堤道

📖 棉花堡

棉花堡位于土耳其山区，长2700米，高160米，远远望去像是冰川，但其实是许许多多的温泉，白色阶梯其实是呈梯田状分布的石灰石。

　　渗入地下的雨水经过漫长的循环后以温泉的形式涌出，在此过程中，岩石中大量的石灰质和其他矿物质被溶解。当温泉顺山坡流淌时，石灰质会沿途沉积，久而久之，便形成了一片片阶梯状的钙化堤。温泉中的矿物质十分丰富，吸引了世界各地的游客。

棉花堡

芬格尔山洞

　　芬格尔山洞是世界著名的海蚀洞，位于苏格兰西海岸的斯塔法岛，

芬格尔山洞

最深处约75米，其顶部高出海平面约20米。

芬格尔山洞是在熔岩流中形成的，熔岩流冷却后形成了巨型六边形的岩柱。这个洞穴激发了门德尔松创作《赫布里底群岛序曲》（又名《芬格尔山洞序曲》）的灵感，也吸引了许多维多利亚时代的游客。

📖 石林

石林是指岩溶地貌中的剑状、柱状等裸露型地貌。岩溶地貌也称喀斯特地貌，是地下水与地表水对可溶性岩石（主要是石灰岩）进行溶蚀后，形成沉积，并且在重力崩塌、堆积等作用下形成的地貌。

地球上有20多处石林，例如希腊石林、马来西亚沙捞越姆鲁石林、马达加斯加的贝马拉哈石林，以及我国的云南石林。

马来西亚姆鲁山国家公园里的石林

云南石林

这些石林的形成是一部真正的地质传奇，它们经历了近三亿年的沧桑巨变，是地球演化的杰作。我们人类应万分珍惜和保护好这不可复制、不可再生的自然瑰宝。

科研新视窗

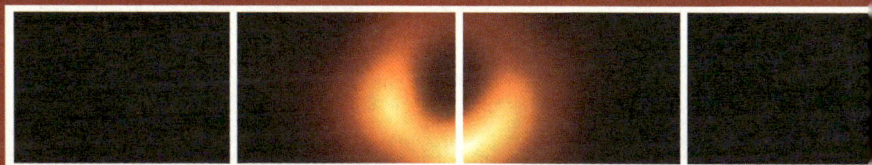

01 上阵父子兵——趣谈诺贝尔奖获得者中的 父与子

《父与子》是德国漫画家埃·奥·卜劳恩（E.O.Plauen，1903—1944）的传世名作，漫画里那对可爱又充满了幽默气息的父子给人们留下了深刻的印象。俗话说"打虎亲兄弟，上阵父子兵"，在一百多年的诺贝尔奖历史中也有不少"父子兵"。

共享同届物理学奖的父子

到目前为止，威廉·亨利·布拉格（William Henry Bragg，1862—1942）和威廉·劳伦斯·布拉格（William Lawrence Bragg，1890—1971）是诺贝尔奖获得者中唯一的一对共享同届物理学奖的父子。他们因创立极其重要的科学分支——X射线晶体结构分析，分享了1915年诺贝尔物

布拉格父子

理学奖。1912 年至 1914 年，这对父子共同研究了 X 射线衍射现象。

在 X 射线衍射现象的研究工作中，威廉·劳伦斯·布拉格获得了重要的理论成果，他的父亲威廉·亨利·布拉格则亲自动手做实验，把儿子的理论成果付诸实践。

他们的研究性论文《X 射线和晶体结构》发表于 1915 年，但它发表时并不是一篇结构完整的论文，只是简明扼要的摘要。

值得一提的是，威廉·劳伦斯·布拉格是诺贝尔奖历史上年龄最小的获奖者，获奖时只有 25 岁。

📖 与原子结下不解之缘的父子

因"原子结构和原子光谱"获 1922 年诺贝尔物理学奖的尼尔斯·玻尔（Niels Bohr，1885—1962）和因"原子核理论"获 1975 年诺贝尔物理学奖的阿格·玻尔（Aage Bohr，1922—2009），是一对与原子结下不解之缘的父子。

尼尔斯·玻尔是量子论发展史上几个重要的标志性人物之一，他在卢瑟福的核式结构模型的基础上，提出了具有量子化特色的定态跃迁原子结构模型，更好地解释了氢光谱的问题。

尼尔斯·玻尔于 1921 年起担任哥本哈根理论物理研究所所长，在任 40 年，参与创立了著名的哥本哈根学派，在量子力学体系的建立中发挥了巨大作用。阿格·玻尔是尼尔斯·玻尔的第四个儿子，他从小就在父亲身边接受科学熏陶，经常与父亲及父亲的朋友们共享讨论的乐趣。用阿格·玻尔的话来说，正是这样的家庭氛围，他才走上了科学研究之路。

1956 年，阿格·玻尔被聘为哥本哈根大学教授；父亲尼尔斯·玻尔去世后的第二年，阿格·玻尔继任理论物理研究所所长，直至 1970 年。1975 年，阿格·玻尔离开哥本哈根理论物理研究所，出任北欧理论原子物理学研究所所长。任职期间，阿格·玻尔发扬了父亲所倡导的哥本哈根精神——善于合作和发挥集体力量。

📖 与电子结下不解之缘的父子

约瑟夫·约翰·汤姆森（Joseph John Thomson，1856—1940）因在气体导电理论和实验研究中的重要成果（发现电子），获得1906年诺贝尔物理学奖。其子乔治·佩吉特·汤姆森（George Paget Thomson，1892—1975）因电子衍射实验，获得1937年诺贝尔物理学奖。

J.J.汤姆森在物理学方面有着很深的造诣，尤其在热学和电磁学方面。他虽然不擅长动手做实验，却非常熟悉实验工作。他思想活跃，善于设计和判断，在选择研究课题、指导别人开展工作、组织和调配集体力量等方面，都能很好地展示其作为导师的一面。他连续35年担任卡文迪许实验室主任，引领该实验室成为世界一流的物理学研究基地。

G.P.汤姆森是J.J.汤姆森的独生子，最先在剑桥大学三一学院学习数学，后来学习物理学，并在父亲的指导下开始科学研究。

1922年，G.P.汤姆森成为阿伯丁大学自然哲学教授，并继续进行射

汤姆森父子

线研究。1927年，他用高速电子在晶体上发生衍射的实验观测到了电子的波动性，从而证明了物质波的存在，为薛定谔在德布罗意物质波假说基础上建立起的波动力学以及海森伯创立的矩阵力学提供了有力的实验证据。

📖 与 X 射线结下不解之缘的父子

曼内·西格巴恩（Manne Siegbahn，1886—1978）因 X 射线光谱学领域的研究与发现，获得 1924 年诺贝尔物理学奖；其子凯·西格巴恩（Kai Siegbahn，1918—2007）因在 X 射线光电子能谱学领域的贡献，获得 1981 年诺贝尔物理学奖。

曼内·西格巴恩早期的工作是研究电磁问题，1912 年至 1937 年主要致力于 X 射线光谱学的研究。他非常擅长与别人合作，将许多优秀的学生和学者吸引到自己周围，积极发挥领导作用。

凯·西格巴恩和他的父亲一样，也很擅长组织和领导科研人员，他不喜欢空谈理论，擅长在实践中探索真理，在实践中总结经验。

📖 获得不同诺贝尔奖的父子组合

在诺贝尔奖历史上，还有两对父子获奖者，他们的奖项分属不同领域。比如，奥伊勒父子分别获得 1929 年化学奖、1970 年生理学或医学奖，科恩伯格父子分别获得 1959 年生理学或医学奖、2006 年化学奖。

汉斯·冯·奥伊勒-切尔平（Hons Von Euler-chelpin，1873—1964）是瑞典籍德国人，生物化学家。他对辅酶的研究促进了糖及磷酸盐的生物化学研究，同时，他还阐明了多种维生素的化学结构。1929 年，他因对糖的发酵和酶在发酵中的作用的研究，与阿瑟·哈登共享了当年的诺贝尔化学奖。他的儿子乌尔夫·冯·奥伊勒（Ulf von Euler，1905—

1983）因发现了前列腺素和去甲肾上腺素，特别是查明了去甲肾上腺素神经传递物质的功能，获得1970年诺贝尔生理学或医学奖。

亚瑟·科恩伯格（Arthur Kornberg，1918—2007）获得1959年诺贝尔医学和生理学奖，他成功发现了参与遗传复制过程的酶——DNA聚合酶，并将其结构破译到原子水平。这项工作为未来几十年的遗传学研究奠定了基础。其子罗杰·大卫·科恩伯格（Roger David Kornberg，1947— ）获得2006年诺贝尔化学奖，他首次在分子水平上揭示了真核生物（其细胞是具有明确定义的细胞核的生物体）的转录过程，阐明了基因信息如何从DNA（脱氧核糖核酸）转录到RNA（核糖核酸）。

除了这些"父子兵"，诺贝尔奖得主中还有母女（比如居里夫人母女），亲兄弟（荷兰的廷贝亨兄弟），夫妻档（居里夫妇、小居里夫妇等五对夫妻）。

02 《科学》杂志评出近十年的 年度头号科学突破

在过去的十年里，我们见证了科学的巨大飞跃：第一次看到黑洞的图像，第一次探测到大质量天体并合产生的引力波……这些科学突破都增进了我们对宇宙的认识。现在，让我们一起来看一看由《科学》杂志评选出的 2010 年至 2019 年的年度头号科学突破吧！

📕 2019 年：拍摄首张黑洞照片

在《科学》杂志评出的 2019 年度十大科学突破中，第一名便是人类首次捕捉到黑洞真容。为了一睹黑洞的真容，科学家联合了全球八个射

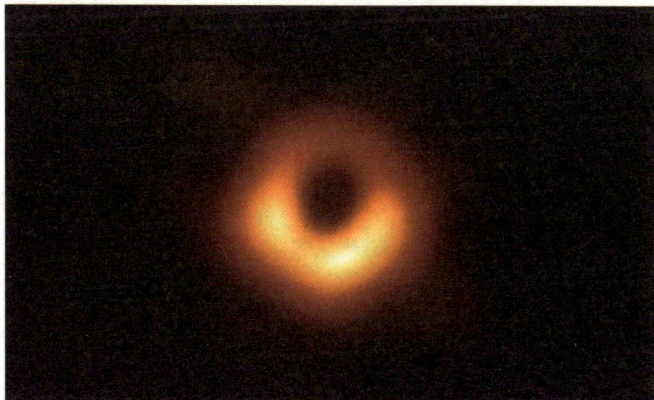

黑洞

电天文台，架构了一台口径与地球直径相当的"事件视界望远镜"，拍下了首张黑洞照片。这个在黑暗宇宙背景下出现的橘黄色光环，显示了室女座超星系团中一个超大质量星系 M87 中心的一个超巨型黑洞的图像。黑洞的真容，不仅再次证明了爱因斯坦广义相对论的正确性，也为解开与黑洞有关的种种谜题奠定了基础。

📖 2018 年：单细胞基因活性分析

单细胞基因活性分析技术成为 2018 年度头号科学突破。单细胞基因活性分析可以让研究人员逐个追踪细胞发育过程，了解哪些基因会在胚胎早期发育时被开启或关闭。在这一过程中，研究人员将完整细胞从生物体中分离，用单细胞 RNA 测序方法对其基因组内容测序，对早期细胞及它们的后代进行标记，以跟踪观察其在发育时如何分裂成为多种类型的细胞。科学家认为，单细胞 RNA 测序方法将在未来十年内改变基础生物学和医学研究的格局。

📖 2017 年：首次观测到双中子星并合

人类首次观测到双中子星并合事件为 2017 年度头号科学突破。这也是引力波天文学研究成果连续第二年获此殊荣。《科学》杂志写道："如果说前一年的引力波探测吹响了科学发现的号角，那么今年双中子星并合事件的观测则奏响了科学的交响曲。"并指出，双中子星并合事件是迄今为止天文学历史上首个全球规模的联合观测：来自全球 953 个机构的 3764 名研究人员合作撰写了一篇论文，对这一并合事件及其后果进行了论述。

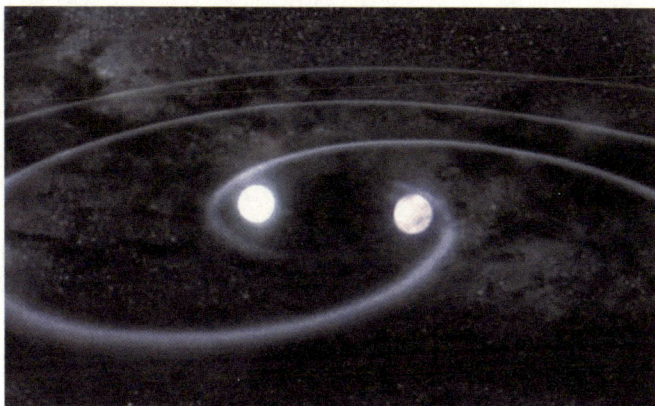

双中子星并合

🔖 2016 年：首次直接观测引力波

2016 年，位于美国的激光干涉引力波天文台（LIGO）首次直接观测到引力波。引力波的发现震惊了科学界，它不仅证实了 100 年前爱因斯坦的预言，也给科学家 40 年的求索之旅画上了完美句号。但故事并未结束，引力波的发现改变了科学的面貌，一门新的学科——引力波天文学因此诞生。引力波的发现被《科学》杂志选为 2016 年度头号科学突破。

🔖 2015 年：CRISPR 基因编辑技术

CRISPR 是一种非常简单的基因编辑技术，它通过"剪切"和"粘贴"DNA 序列的机制来编辑基因组。这项技术使基因编辑变得如同在 Word 文档中编辑文字一样简单，并且可以在几乎所有物种的 DNA 上实现。

CRISPR 全名为"成簇的、规律间隔的短回文重复序列"，是细菌防御病毒入侵的一种机制，2012 年才被科学家发现并加以利用，渐渐成为生物医学史上第一种可高效、精确、程序化地修改基因组的工具。由于 CRISPR 有着精确、成本低及操作简便等特点，许多科研机构都开始开发利用这项技术，它将对生命医学产生革命性的影响。

📖 2014 年：罗塞塔飞船及菲莱号

罗塞塔飞船是人类历史上首个围绕彗星运行，并在其表面着陆的探测器。2014 年 8 月，罗塞塔飞船追上了火星之外的 67P 彗星；2014 年 11 月，罗塞塔搭载的菲莱号着陆器首次成功在彗星上软着陆。罗塞塔飞船及菲莱号因初步研究成果及其后续研究前景重大，而占据 2014 年最重要科学突破的榜首。

菲莱号上的 ROLIS 相机从距离彗星表面约三千米的地方拍摄到的照片

📖 2013 年：癌症免疫疗法

癌症研究界在 2013 年经历了巨变，一种经过数十年探索的治疗方法——癌症免疫疗法，终于证实了它的潜力，临床试验显示了令人鼓舞的结果。在癌症的免疫疗法中，治疗的标靶是身体的免疫系统，而不是肿瘤。这种新疗法可以激发 T 细胞和其他免疫细胞来对抗肿瘤。《科学》杂志认为其前景无限，足以登上2013 年重要科学突破的榜首。

📖 2012 年：发现希格斯玻色子

2012 年 7 月，欧洲核子研究中心宣布：大型强子对撞机（LHC）发现了物理学标准模型预测的最后一个未被发现的粒子——希格斯玻色子（Higgs Boson）——存在的证据。希格斯玻色子的俗称是"上帝粒子"，它的发现向物理学家提出了新的问题：该粒子与其他基本粒子之间的一些相互作用强度比之前预测的略小，这意味着要么是理论出了差错，要么就是除了已发现的希格斯玻色子，还存在另一种更重的未知希格斯玻色子。物理学家目前正在通过大型强子对撞机寻找这些可能存在的重希格斯玻色子。为了表彰研究人员在难以捉摸的希格斯玻色子亚原子粒子研究领域取得的成果，《科学》杂志将其评选为 2012 年最重大的科学突破。

📖 2011 年：艾滋病预防治疗

名为 HPTN 052 的艾滋病病毒（HIV）临床研究进展显示，如果 HIV 携带者服用抗逆转录病毒药物（ARVs），其将 HIV 传染给伴侣的概率将减少 96%。如今，许多感染艾滋病病毒的高危人群每天服用抗逆转录病毒药物特鲁瓦达（Truvada）以降低患病风险，这项研究被《科学》杂志评为 2011 年最重大的科学突破。该研究始于 2005 年，2011 年的发现是其中期结果。

📖 2010 年：制造量子鼓

2010 年 3 月，美国物理学家设计了一台实验机械——裸眼可见的半导体材料微型量子鼓。通常，人造物体的运动均遵循经典力学定律，而这一研究成果首次打破了常规。量子鼓的运动只能用量子力学描述，这是物理学家首次在肉眼可见的宏观物体上发现真正的量子行为。这一创举有可能揭示经典世界和量子世界之间的神秘界限。为了表彰研究人员的实验在概念上的拓展、实验的独创性及其所具有的众多潜在用途，《科学》杂志将其评选为 2010 年最重大的科学突破。

在过去十年间的所有科学突破中，哪些发现将名垂青史还有待检验，但已经引起社会的反响，引领人类在科学大道上阔步前进。

Chapter 5

健康直播间

01 吃不胖的秘密

相关研究显示，全球超重和肥胖人口在过去 30 年中显著增多，总数达 21 亿人，已占全球总人口的近 1/3。不过，我们身边总有一些苗条型的人怎么吃都不胖，他们吃得多、运动少，却总是长不胖。这究竟是什么原因呢？本文拟从基因水平方面探究这些易瘦体质的人吃不胖的秘密。

瘦人的异常基因

澳大利亚的专家发现，间变性淋巴瘤激酶（ALK）基因在保持苗条身材时发挥着重要作用。实验显示，敲除该基因的小鼠即使长期摄入高脂饮食也长不胖。该研究发表于《细胞》期刊。

瘦人的异常基因 ALK 是如何被发现的呢？研究人员通过爱沙尼亚

神奇的基因

生物样本库（Estonian Biobank）的数据，寻找瘦人和普通人之间的差异性。

研究人员通过比较健康的瘦人和普通人的 DNA 样本和临床数据发现，存在五个与消瘦有关的基因变异位点，其中包括 ALK 基因。该基因中的第一个内含子发生了基因突变。

研究人员以果蝇为实验对象，通过 RNA 干扰介导（一种特异性降解目的基因的技术）减弱了 ALK 基因的表达。实验发现，果蝇的甘油三酯水平显著降低，身体的代谢调节也出现了异常。

此外，研究人员对人类的各个数据库进行比对分析，发现 ALK 基因突变与血脂、血糖和胆固醇等代谢的指标同样有着密切联系。

📖 ALK 基因与瘦身相关

研究人员通过构建小鼠模型来研究 ALK 基因导致消瘦的原因。实验发现，ALK 基因缺失的小鼠体重更轻，但食物摄入量和活动量与正常小鼠没有差别。

随后，研究人员给小鼠喂食高脂肪食物（HFD），使其摄入的热量超标。进行高脂饮食 16 周后，ALK 基因缺失的小鼠体重减轻了，而正常小鼠却越来越胖。

研究人员指出，ALK 基因缺失使得小鼠免受因饮食引起的肥胖困扰。进一步的研究发现，ALK 基因在小鼠下丘脑中呈现出高度表达的状态，ALK 基因被敲除后，会促进交感神经产生更多的去甲肾上腺素，促进小鼠燃烧脂肪、消耗能量。

通过果蝇和小鼠实验，研究人员初步确定了 ALK 基因是一个消瘦基因，ALK 基因突变或表达异常会导致能量消耗增加，燃烧更多的脂肪，从而体重下降，怎么吃都不会胖。

🍃 ALK 究竟是什么

ALK 的中文全称为间变性淋巴瘤激酶（Anaplastic Lymphoma Kinase），最早发现于间变性大细胞淋巴瘤（ALCL）。研究发现 ALK 基因是一个致癌基因，ALK 引发癌症的原理主要是染色体的某些部位发生易位，导致 ALK 基因重排，并与其他基因发生融合。ALK 重排目前是治疗癌症的重要靶点，相关药物已经投入临床使用。

ALK 基因是胰岛素受体超家族的成员，在小鼠和人类的下丘脑神经元中高度表达。小鼠实验中，ALK 基因缺失的小鼠与正常小鼠的食物摄入量，以及小鼠肠道对营养物质的吸收量均没有差异。

然而，与正常小鼠相比，ALK 基因缺失的小鼠脂肪含量减少，肌肉质量正常。因此，研究人员认为，下丘脑神经元中的 ALK 基因主要通过影响脂肪组织的脂解作用来控制能量消耗。

目前，虽然研究人员已经发现了 700 多个可能与体重相关的 SNP（基因组水平上由单个核苷酸的变异所引起的 DNA 序列多态性），但仅鉴定出少数参与体重调节的基因变异。

ALK 基因经常在各种类型的癌症中发生突变，而在癌症之外的作用仍不清楚。研究人员只知道很多癌症是由 ALK 基因突变导致的，万万没想到它还与瘦身有关。

ALK 基因突变可以缓解饮食所引起的肥胖问题，这对研究人员帮助肥胖症患者控制体重具有重要意义。该研究团队计划进一步研究 ALK 是如何在分子水平上调节大脑，从而控制人体新陈代谢平衡并实现瘦身的。

如果你恰好携带 ALK 基因突变，那么恭喜你，你可能就是那种吃不胖的瘦人呀！

02 边看电视边玩手机，小心你会悄悄变笨

你平时有没有类似的行为：一边接听朋友打来的电话，一边在电脑上查找资料；看着电视，同时又不忘低头瞄几眼手机；左手举着平板电脑追剧，右手拿着手机收发信息。

这对很多人来说已经司空见惯了。他们认为，同时使用多种形式的电子设备可以处理更多的事情，相当于延长了自己的时间。可是这样真的好吗？

一项最新研究发现，同时处理多重媒体任务（Media Multitasking，MMT）可能会对青年的记忆力带来负面影响。研究结果表明，频繁进行多重媒体任务处理（这里主要指电视、手机、电脑等数字媒体），比如长时间一边看电视一边发信息和上网，会导致注意力分散，加快遗忘的

人类与各种电子设备为伴

速度。

多重媒体任务会导致记忆力下降吗？

美国的研究人员招募了 80 名志愿者（18~26 岁）组成实验组，让志愿者快速浏览计算机屏幕上的物体图片，形成相对应的情景记忆。

十分钟后，研究人员再给志愿者看第二组图片，询问这些图片是变大了还是变小了、是更让人愉悦还是不快，以测试他们是否能回忆起图片所属的情景。同时，这个阶段会加入新旧判断，即判断这张图片有没有出现过。研究人员通过志愿者的脑电波活动和瞳孔直径的变化，评估他们的注意力分散程度。

此外，志愿者还需要填写相关调查问卷，以便研究人员了解他们在日常生活中参与多重媒体任务的严重程度（比如是否经常边看电视边玩手机）、是否有注意缺陷多动障碍（ADHD）症状和冲动性，以及打游戏的情况、注意力和心智游移的变化趋势。

研究人员通过分析发现，经常进行多重媒体任务的志愿者记忆力更差，比如经常一边看电脑一边用手机的志愿者，记忆力明显弱于只使用一种媒体的志愿者。

注意力分散与多重媒体任务有关吗？

1971 年，学者提出"注意力经济"（Attention Economy）的概念，注意力经济研究的是人们对事物关注能力的稀缺性。在有限时间内，注意力聚焦于某一事物，意味着会忽略其他事物。而各种信息为了获得接受者的注意力，彼此存在竞争关系。信息无法无限制地占据人们的注意力，在一定时间后，注意力就会流向别的信息。

研究多重媒体任务和注意力分散是否有关系，可以通过测试志愿者能否进行准确的判断来进行验证，同时还能测试出志愿者的记忆力是否良好。在记忆测试过程中，研究人员同时监测志愿者的脑电波活动和瞳孔直径的变化，评估他们的注意力分散程度。

专家认为，颅骨后部的脑电波活动增加与注意力分散相关，瞳孔直径的收缩（与进行实验任务之前相比）也会与诸如反应速度迟缓、走神等情况有关。

测试结果显示，注意力不集中的志愿者在看第二组图片考验记忆的阶段表现不佳，表现出了脑枕部脑电波活动增加和瞳孔缩小的情况，这都与注意力分散、反应时间延长以及走神有关。

研究人员认为，该项研究成果或将有助于推动阿尔茨海默病等记忆障碍医学研究的发展，也有助于改善人们在日常生活中的专注度，甚至有助于提高人的记忆力。

研究人员再三强调，他们的研究工作只是证明了进行多重媒体任务和注意力分散的相关性，并没有论证背后的因果关系，并表示："尽管我们对这一领域的了解更加深入，但不能说多重媒体任务会持续导致注意力和记忆力下降。"

不过，通过实验数据，我们能够看到，经常同时进行多重媒体任务，记忆力、专注力和反应能力都会受到影响。所以说，窝在沙发里边看电视边刷手机的我们，可能正在悄悄地变笨。

03 脱发或被治愈

再生医学是将生物学与工程学结合起来，使丧失功能或功能受到损害的组织和器官恢复正常的研究领域。

《自然》杂志上刊登的一篇研究报道称，科学家试图在体外诱导未分化人类干细胞分化成类皮肤结构，他们通过小鼠试验得出结论，这些类皮肤结构能够产生毛发，充分凸显了再生疗法的临床潜力。

关于皮肤组织工程

十多年前，科学家利用从成年小鼠皮肤中分离出的干细胞首次培育出毛囊组织，当时美国脱口秀节目《今夜秀》的主持人开玩笑说："至少小鼠的秃头被治愈了。"

近年，科学家已经从人类干细胞中再生出了毛囊。这一重要研究成果或许能让培育出无限量的毛囊成为现实。

具有活性的毛囊有很多可用之处，不仅可以将其移植到头发稀疏或脱发的地方，还能为皮肤有伤口、疤痕或患有遗传性皮肤病的人带来革命性的治疗方法。

皮肤组织工程研究始于 1975 年，当时一项具有里程碑意义的研究表明，可以从人的皮肤表层（表皮）分离出角化细胞，且该细胞群可以由人工培养。大约十年后，从烧伤患者身上分离出的角化细胞可以作为永久性植入物移植回原本的个体。

这为皮肤组织工程 2017 年的另一个突破性进展奠定了基础。当时，一个男孩患有"交界性大疱性表皮松解症"，这种疾病属于遗传性皮肤病，会导致皮肤严重脆弱。最终，他的表层皮肤被医生用经过基因校正的细胞取代了，从而恢复了正常。

如果这种基于细胞的分离再生方法进一步发展，选取的皮肤还要包括更多部分，除了表皮外，还必须包括正常皮肤中发现的更多成分，比如毛囊、产生色素的黑色素细胞、汗腺、神经、肌肉、脂肪和免疫细胞等。

📗 类器官培养

类器官属于三维细胞培养物，拥有它所代表器官的一些关键特征。类器官拥有对应器官的部分功能。器官通常由多能干细胞形成，它们具有形成所有成熟细胞类型的能力。虽然类器官技术的相关研究仍处于初期阶段，但是作为一种工具，类器官技术的研究对象非常广泛，尤其在再生医学领域拥有巨大的潜力。目前，类器官培养的成功案例已有很多，其相对应的部位有肠、肺、肾和脑等。

表皮和真皮是皮肤的主要构成部分，它们来自早期胚胎中的不同细胞层。在一项类器官培养的实验中，研究人员优化了培养条件，可以从多能干细胞中培养包含这两个部位的皮肤类器官。

研究人员依次向干细胞中添加生长因子。首先，使用骨形态发生蛋白4（BMP4）和转化生长因子 TGF-β 抑制剂来诱导表皮的形成；随后，通过碱性纤细细胞生长因子（FGF-2）和骨形态发生蛋白（BMP）抑制剂处理细胞，诱导形成颅神经嵴细胞，从而形成真皮。

研究发现，70 天后，毛囊开始出现，并长出了毛发；黑色素细胞从颅神经嵴细胞发育而来并将大部分头发染色；与毛囊相关的组织，如皮脂腺、神经及其受体、肌肉和脂肪，也逐步发育形成，在培养基中形成完整皮肤。

然而，这种方法形成的皮肤类器官中缺少免疫细胞，它们通常位于毛囊内和周围，并且在皮肤中具有多种作用。

皮肤类器官的价值

研究人员发现，皮肤类器官呈现的基因具有下巴、脸颊和耳部皮肤的特征。有趣的是，头皮上的真皮细胞也可能来自神经嵴细胞。通过改变细胞生长的培养条件，可以生成具有不同身体部位特征的皮肤。

皮肤类器官具有促进伤口愈合和防止疤痕留存的潜力，更令人兴奋的是，人类面临的秃头危机或许能就此得到缓解。

面临的问题和挑战

但是，在这种治疗方法成为现实之前，还存在几个问题。例如，头发如何不断产生？移植后最终需要多少个细胞才能形成毛囊？解决同一个体的不同干细胞或者不同个体的干细胞之间存在的差异，也是艰巨的挑战。

类器官形成毛囊所需的时间较长，与胎儿皮肤的发育类似。皮肤在毛囊开始生长之前会经历一个"静止"阶段，但是，类器官移植的准备时间约140天，这可能会影响这项工作的治疗潜力，比如，烧伤的患者不可能等那么长时间才进行皮肤移植。下一步研究的重点应当在"静止"阶段，通过改变与皮肤相关的信号通路来缩短该过程。

除此之外，其他几个方面也需要进行优化，这项技术才有可能进入临床治疗。本研究中生长的头发很短，需要进一步优化培养条件以形成较长的头发。培养混合物中使用的某些成分应当完全符合生产规范，并且未来的工作可能需要避免使用多能干细胞以减少不良副作用，例如，使用多能干细胞的话，可能会促进肿瘤的形成。成体干细胞或许是个不错的选择，它是存在于已分化组织中的未分化细胞，与多能干细胞具有相似功能。

当然，这项研究对面临脱发或者已经脱发的人来说，无疑是一种很大的鼓舞，科学家已经朝治愈脱发迈出了重要的一步。

04 春困秋乏夏打盹，午睡是门技术活儿

人们常常打趣道："中午不睡，下午崩溃。"越来越多的研究表明，午睡有益身心健康，不仅能提振精神，使人头脑清醒、心情愉悦，还能改善人的认知能力、反应能力、记忆能力，甚至能让人更健康、更长寿。所以说，午睡应当成为人们健康生活的一部分，对于生活在复杂多变、压力重重的现代社会中的年轻人而言，午睡尤为重要。

为什么需要午睡？

现代社会的生活节奏越来越快，中午挤出时间小睡一会儿似乎是一种奢侈，但想要元气满满地度过一天，午睡还是很有必要的。我们的身体渴望能够得到午睡是有原因的。很多人需要午睡的首要原因是晚上睡眠不足。美国国家睡眠基金会建议，尽管晚上所需的睡眠时间没有特定的数值（理想的睡眠时间因年龄和其他因素而异），但成年人的睡眠时间一般应为7～9小时。

不幸的是，一项研究发现，很多成年人晚上的睡眠时间不足6小时。如果晚上睡眠不足的情况经常发生，身体可能会在白天时主动寻求休息，从而弥补晚上缺失的睡眠。

所谓生物钟，通俗来讲就是让我们在正确的时间做正确的事情，它与我们的幸福和健康息息相关。生物钟控制着我们的昼夜作息，调控我们的生理以适应日常生活中的不同阶段。

合理的生物钟有助于调节睡眠模式、饮食行为、激素、血压和体温。科学研究表明，如果不按生物钟作息的话，不但工作效率会降低，

还可能引发肥胖、糖尿病、高血压、抑郁症和肿瘤等疾病。

午睡有哪些好处？

一项研究表明：每周至少午睡三次、每次午睡持续30~60分钟的孩子，在学校的表现更好，尤其是在学习成绩方面。此外，午睡与孩子们的幸福感、自控力和毅力之间存在某种关联，尤其是到小学六年级的时候，有午睡习惯的孩子在各方面表现得相对更好。

这项研究的研究对象是来自我国江苏省常州市金坛区的孩子，研究人员选择了三所小学：薛埠中心小学（农村）、河滨小学（郊区）和华罗庚实验学校（市区），共2928名来自三个年级（4~6年级），平均年龄为11.17岁的学生，其中男生所占的比例为51.3%。

美国的一项研究表明，午睡能显著提高学习能力，午睡一小时左右可以极大地增强和恢复脑力，从而提高大脑的记忆力和理解力。

该研究招募了39名健康的年轻志愿者，并将他们随机分为两组。测试过程中，志愿者均被要求在中午记忆100个人名和对应的面孔，一组人的午睡时间为90分钟，另一组人不午睡；两组志愿者在下午6点被要求记忆另一组的人名和相应的面孔。

研究发现，在两次测试中，午睡过的志愿者在识别人名和相应的面孔的测试中得分平均提高了10%，而没有午睡的志愿者得分下降了10%。

午睡对健康的影响也是相当惊人的。一项针对希腊成年人的研究发现，每周至少午睡三次，每次30分钟或更长时间，突发心脏病的风险会降低37%。英国一项研究表明，午睡对稳定血压也有帮助，此外还能减轻压力，降低心脏病、中风、糖尿病发生的风险。

想用咖啡或浓茶来提神？其实还真不如小憩一会儿。睡午觉的人比喝咖啡的人在语言逻辑性方面表现更好，适当的午睡有助于身体恢复活力，比喝咖啡的效果更持久、健康。

怎样尽快进入午睡？

如果你还没有养成午睡的习惯，这里可以给你提供一些科学的建议，帮助你尽快地进入午睡状态。

噪声和光线会干扰你进入午睡状态，但如果你真的很累，这两种情况都不会让你感到困扰。戴上耳塞可以降低噪声，拉上房间窗帘或戴上眼罩可以减少光线的干扰。

很多人习惯趴在桌子上睡觉，但趴着睡觉有诸多坏处，比如：身体弯曲度增加，从而导致呼吸不畅；压迫胸部的姿势会诱发各种心脏疾病；不能使全身放松，身体的某些肌肉群、汗腺、皮肤处于紧张状态，导致睡醒之后更加疲惫；等等。所以，最好还是躺下来午睡。

如果你想快速入睡，并真正享受午睡带来的宁静，就需要把所有事情暂时放下。专家认为，冥想是一个很好的方法：专注于你的呼吸，放松你的肌肉，排除一切杂念，这样就会很快进入午睡状态。

刚吃完午饭，胃里充满了食物，胃肠道的消化机能处于工作状态，胃肠道的运动会影响午睡的效果，因此，午饭后稍微活动十几分钟再午睡，会让你更快地进入睡眠状态。

05 个体基因定制版治疗方案将成趋势

《麻省理工科技评论》（*MIT Technology Review*）公布 2020 年十大突破性技术（TR10），其中"超个性化药物"引起了广泛关注。

《麻省理工科技评论》选出的 2020 年十大突破性技术

TR10	中文名称	英文名称
1	防黑互联网	Unhackable Internet
2	超个性化药物	Hyper-personalized Medicine
3	数字货币	Digital Money
4	抗衰老药物	Anti-aging Drugs
5	人工智能发现分子	AI-Discovered Molecules
6	超级星座卫星	Satellite Mega-constellations
7	量子优越性	Quantum Supremacy
8	微型人工智能	Tiny AI
9	差分隐私	Differential Privacy
10	气候变化归因	Climate Change Attribution

自 2001 年起，《麻省理工科技评论》每年都会公布当年的科技突破性技术，涉及领域有计算机和人工智能、生命科学、天文学、经济学、

105

社会学等。这次入选的"超个性化药物"是一种什么技术呢？

🌿 超个性化药物与精准医疗

超个性化药物技术利用分子生物学的分析方法，根据病人的遗传特征以及所处环境特点，帮助病人选择最有效的治疗方法，以更好地控制疾病的进展，从而实现最佳的医学治疗效果。该技术正在引领疾病治疗的新趋势。

采用超个性化药物的目的是进行个性化医疗。个性化医疗，又叫精准医疗，是以个人基因组信息为基础，结合蛋白质组、代谢组等相关内环境信息，为病人"量身"设计出最佳的治疗方案。个性化医疗是争取实现治疗效果最大化和副作用最小化的一种定制医疗模式，通过个性化医疗服务可以克服多基因突变造成的遗传缺陷，研发出个性化的 DNA 药物，从而延长人类寿命。

当然，超个性化药物与个性化医疗也面临着诸多问题。例如，病人基因的不稳定性导致相关治疗效果也不稳定，每个人不同的生活方式及所处环境也会导致人体复杂的基因型。

🌿 超个性化药物诊例

美国波士顿儿童医院（Boston Children's Hospital）里的一名六岁小女孩米拉，从小患有一种极其罕见的疾病——巴顿病，这是一种家族性少年痴呆疾病。临床医生利用先进的基因疗法，为她"量身定做"了针对其基因缺陷的药物，并将其命名为 Milasen（米拉森）。

虽然该基因治疗手段尚未完全治愈米拉，但米拉的病情已经稳定：癫痫发作次数减少，还可以在协助下站立和行走。

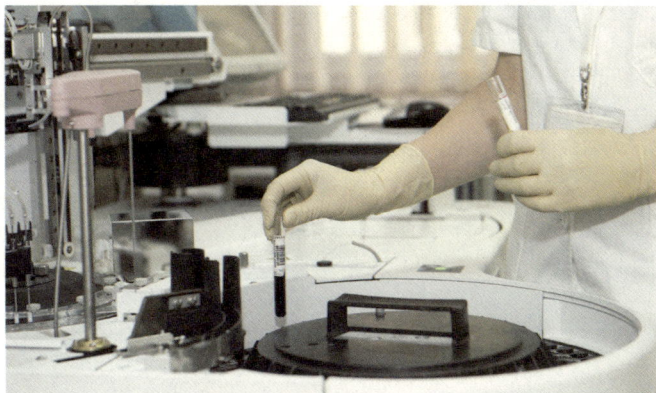

研发新药

🍃 超个性化药物研发

这里有必要介绍几个关于超个性化药物的研发事例：

2016 年 10 月，以色列一个公司利用 AI 技术研发相关的超个性化药物，为癌症治疗提供了一种新方法。该公司通过免疫系统的 AI 模型，发现了一种独特的生物标志物，可以用来检测和改进抗 TNF（肿瘤坏死因子）药物，这类药物是用于治疗类风湿性关节炎、银屑病关节炎、炎性肠病等疾病的。

2017 年 8 月，中国科学院战略性先导科技专项研究 "个性化药物——基于疾病分子分型的普惠新药研发" 正式启动，项目核心是针对敏感人群研发适合规模人群的个性化新药，主要面向的疾病包括肿瘤、II 型糖尿病等代谢性疾病、自身免疫性疾病和神经精神疾病，发现并确定超个性化药物，包括现有药物和研发新药。

2019 年 8 月，美国食品药品监督管理局（FDA）批准了瑞士诺华制药公司（Novartis AG）的一种基因新药物——佐尔根斯玛（Zolgensma），专门用于治疗脊髓性肌肉萎缩（SMA）人群。

　　总之，超个性化药物主要是为个体"量身定制"的基因药物，能为身患绝症的人带来希望。因此，超个性化药物及其相应的治疗方案或将成为未来医疗健康行业的重要趋势之一。

06 仿生眼：让视觉障碍者重见光明

科幻电影中，拥有仿生眼的机器人可以精准地识别、分析、追踪目标，完成人类无法完成的任务。

现实生活中，许多科学家致力于研发仿生眼，以帮助视觉障碍者重见光明。然而，眼睛的球形特性，尤其是半球形视网膜，对仿生眼的研发造成了巨大的挑战。

2020年，香港科技大学的范智勇研究团队成功研发了一种可以媲美人类视网膜的人工视网膜，由该视网膜组成的仿生眼，在某些情况下甚至比人眼看得更清楚。

半球形视网膜的仿生眼

仿生眼的结构、形状和大小都与人眼高度相似，具有实现高成像分辨率的潜力。相比相机中的平面图像传感器，人眼具有天然的巧妙光学成像优势：半球形的视网膜减少了从晶状体通过的光线，突出了焦点；其具有特殊的图像感知特性，例如宽广视野、高分辨率和低阶像差。

理论上，仿生眼的结构要和人眼相似，尤其是半球形视网膜。因此，想要研发出可以媲美人眼的仿生眼，就必须研发优越的人工视网膜，而人眼视网膜特殊的形状和结构使人工视网膜的研发颇具挑战性。

为了研发高分辨率人工视网膜，范智勇研究团队设计了一种新方案：使仿生眼后部的人工视网膜与前部的半球形外壳结合，形成一个球形腔体（眼球），前部的半球形外壳由铝内衬钨膜制成。将一种类似于玻璃状的离子液体填充在仿生眼的晶状体和视网膜之间，仿生眼的晶状体被固定在眼球的小孔中。

这项技术的突破点是半球形视网膜：以密集排列的钙钛矿光敏纳米线作为光感受器，模拟人眼视网膜中的感光细胞。

高密度仿生眼有哪些优势？

高密度仿生眼与人眼在构造方面具有高度相似性，但真正使其脱颖而出的是它优于其他同类产品的感官能力。

早前的人工视网膜是在平坦坚硬的基底上制作光感受器，随后要么被转移到弯曲的支撑表面上，要么被折叠成弯曲的基底。这种制作方案需要预留足够空间以便传输或折叠，限制了光感受器成像单元的密度。

相比之下，高密度仿生眼的纳米线被直接放置在曲面上，可以更紧密地排列在一起。它的纳米线的节距为 500 纳米，密度高达 4.6×10^8 根/平方厘米，远高于人类视网膜上感光细胞的密度（约 10^7 个/平方厘米）。如果能实现适当的电接触，就有可能实现高成像分辨率。

这种高密度仿生眼具有以下几方面优势：

» 对角线视场角大约是 100°（一般相机中平面图像传感器的对角线视场角仅为 69.8°）；可以通过优化人工视网膜上的像素分布进一步改善对角线视场，以接近人类的静态单眼垂直视场角（约为 130°）。

» 可检测的光线强度区间为 0.3～50 微瓦/平方厘米，跨度较大。

» 在最低光强下，人工视网膜中的每条纳米线平均每秒可检测到 86 个光子，与人眼视网膜上感光细胞的灵敏度相当。

» 纳米线的响应率对于所有可见光谱的频率几乎是相同的。当纳米线阵列受有规则的快速光脉冲刺激时，可在 19.2 毫秒内快速对光脉冲进行响应，从而产生电流，并可在脉冲结束后用 23.9 毫秒的时间来恢复（回到其非活动状态）。

　　要知道，响应和恢复时间是重要的参数，它们最终决定了仿生眼对光信号的反应速度，人类视网膜上感光细胞的响应和恢复时间为40～150毫秒。

仿生眼领域的挑战与展望

　　这种半球形视网膜仿生眼是仿生眼领域的重大突破，它不仅模仿了人眼，还模仿了昆虫的复眼等结构。这项突破振奋人心，但仍有大量的后续工作需要完成：

　　» 制造过程涉及一些昂贵和低效率的步骤。其中一个成本昂贵的步骤是用聚焦离子束蚀刻来生产纳米线。必须研发出低成本的制造方法，以便大幅降低成本，生产更大的光敏元件阵列。

　　» 为了提高人工视网膜的分辨率和尺寸，需要减小液态金属线的尺寸。现在所用的液态金属线外径是大约700微米，未来的挑战是将其外径减小至纳米级（大约为几微米）。

　　» 需要更多的测试来确定人工视网膜的使用寿命。据报道，人工视网膜在运行9小时后，其性能并没有明显下降，但其他电化学器件的性能会随着时间的推移而降低。

　　» 研究发现，在离子液体浓度较高的情况下，仿生眼的响应和恢复时间会缩短。为解决这个问题，需要进一步优化离子液体的组成。

　　有科学家说：“我们希望在生物相容性、稳定性等方面进一步改善仿生眼。如果一切都按计划进行的话，这项技术很有可能在5年内实现落地应用。”

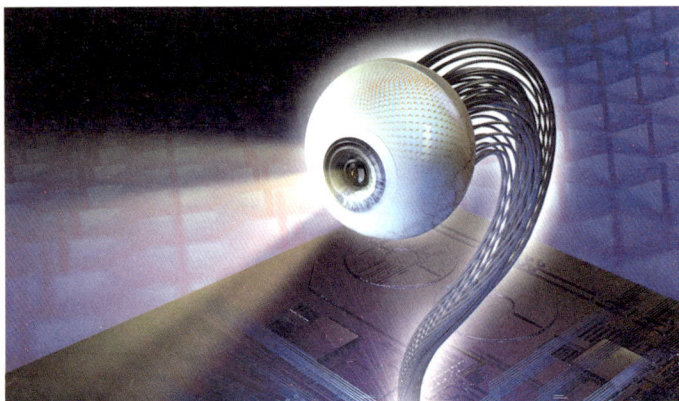

仿生眼模型图

据估计，全球有超过22亿的人口患有眼疾，这意味着仿生眼将拥有巨大市场，甚至将改变大量病人的生活状态。预计在未来十年内，我们能看到仿生眼被广泛应用于消费类电子产品、机器人等领域。

07 过敏会遗传吗？

你身边是否有这样的人：每当到了百花齐放、柳絮飞扬的初春时节，他们总要戴上口罩，否则就会打喷嚏、流鼻涕甚至咳嗽，或者在吃完海鲜之后，皮肤会出现一些红色斑点，甚至出现恶心、呕吐、腹痛等症状。

这些情况都属于过敏反应（Allergic Responses）。简单来说，过敏反应是人体免疫系统对一些无害的物质，例如花粉、柳絮、海鲜等，进行攻击或消灭的一种过度反应。

什么是过敏反应？

从免疫学来说，过敏反应是指已产生免疫的机体再次接受相同抗原刺激时所发生的组织损伤或功能紊乱的反应。常见的过敏原包括花粉、尘螨、动物毛发、药物（例如青霉素）等。

研究认为，那些过敏体质的人群属于先天性免疫功能异常，也就是说，过敏反应可能将伴随其终生。因此，过敏性人群应特别注意生活起居、调理饮食以及进行适当的体育锻炼。

据统计，全世界有10%～30%的人饱受过敏的困扰，且过敏性人群的数量一直在增加。那么，过敏反应真的会遗传吗？怀孕的母亲会将过敏反应传递给后代吗？

过敏反应的遗传

专家发现，孕妇可将过敏反应传递给后代。研究表明，具有过敏反应的孕妇可能会将免疫球蛋白 E（IgE）转移给婴儿，导致婴儿在初次接触过敏原（例如花粉、动物毛发等）时产生过敏反应。

实验中，研究人员将怀孕前的小鼠暴露于豚草花粉（一种常见的过敏原）环境中，使小鼠产生对花粉的过敏反应，待其怀孕，并对它的新生小鼠进行过敏原测试。实验发现，这些新生小鼠也表现出对豚草花粉的过敏反应，对另一种常见的过敏原（尘螨）却没有反应。

值得注意的是，这些新生小鼠的过敏反应会随着时间的延长而减弱——在第四周测试时新生小鼠有过敏反应，但在第六周测试时，它们的过敏反应弱或未见过敏反应。

进一步研究表明，引发过敏反应的关键抗体 IgE 可以穿过怀孕小鼠的胎盘进入小鼠胎儿体内。当 IgE 进入小鼠胎儿体内时，与小鼠胎儿的肥大细胞（一种免疫细胞，可以释放引发过敏反应的化学物质）结合，从而导致新生小鼠在第一次接触过敏原时，会产生与小鼠母体相同类型的过敏反应（例如流鼻涕、哮喘等）。

📗 HuMC 与 IgE 抗体

IgE 抗体是如何实现由母体传递给后代的呢？研究人员通过进一步的实验发现，在新生小鼠体内，IgE 抗体的跨胎盘转移需要另一种蛋白质——FcRN（Fc受体的一种）的辅助作用。

为了验证 FcRN 的辅助性功能，研究人员在新生小鼠体内敲除表达 FcRN 的相关基因，使这些小鼠不能表达 FcRN 蛋白，导致它们缺乏与其母体肥大细胞相连的 IgE 抗体。在这种情况下，新生小鼠并未出现与小鼠母体相同类型的过敏反应。

研究人员根据小鼠实验的相关结果，研究人体胎儿肥大细胞（HuMC）是否与孕妇 IgE 抗体相关，以及导致过敏反应的 IgE 抗体是否能与 HuMC 结合从而使后代产生过敏反应。

　　研究结果表明，IgE 抗体可以与 HuMC 结合，并可能以相似的方式穿过人类胎盘。也就是说，对花粉过敏的母亲很可能会将这种过敏反应传递给后代。

　　相关的遗传学研究表明，过敏体质母亲的孩子在胎儿阶段就会发生过敏反应，婴儿经历的过敏反应与母亲的过敏反应可能紧密相关。研究人员指出，该研究发现了过敏反应可以从母体传递到胎儿的一种可能方式，并表明过敏反应在婴儿出生后会继续存在。

　　虽然该研究只完成了动物实验阶段，但相关的研究结果具有积极意义，它也许会开启新的干预策略研究，通过遏制过敏反应由母体传给后代，减少过敏性人群数量。

08 "懒癌"基因被发现，你的懒可能是天生的

我们常常会遇到这样一种人：能坐着就决不站着，能躺着就决不坐着，能待着就决不干活儿，电视、电脑和手机是他们的"伴侣"，沙发则是他们的温床。

懒被视为一种劣习，但不管怎么努力，懒人好像很难改变自己。为什么这么懒呢？他们可能自己也不明白。人们通常认为，懒是一种习惯，是生活环境造就的。但研究人员最新发现，懒真的存在于基因中，你的懒可能是天生的！

SLC35D3 基因突变

发表在《公共科学图书馆·遗传学》杂志上的一项研究成果表明，懒与 SLC35D3 基因突变有关。这项研究是由中国科学院遗传与发育生物学研究所（IGDB）和阿伯丁大学的研究人员共同完成。

多巴胺是某些神经元之间传递信号的一种递质，它会刺激大脑中的"奖赏"中枢，使人和动物产生愉悦感，同时还起到调控身体的作用。

科学家们通过实验发现，多巴胺分泌得多，可以使人和动物的运动功能增强，并且在多巴胺的驱使下感到快乐；多巴胺分泌得少，就会使运动功能降低，抑制兴奋；多巴胺的分泌不均匀，或者其活性不均匀，会导致运动方向不对称。

比如，向老鼠大脑某一侧注射阿扑吗啡（直接刺激大脑髓质起动

囊，包括前庭中枢），老鼠大脑两侧的多巴胺分泌不均匀，它的头部会不受控地转向另外一侧。

研究人员发现，SLC35D3 基因突变斩断了运动功能和多巴胺之间的联系。SLC35D3 基因位于人类 6 号染色体长臂 D6S1009 位点旁侧，是人类肥胖症和代谢综合征的致病基因。SLC35D3 基因在多巴胺受体的运输中起着关键作用，该基因突变可能导致多巴胺的运输受阻。

研究人员将正常老鼠与 SLC35D3 基因突变的老鼠进行比较，发现 SLC35D3 基因突变的老鼠从 2 月鼠龄（与人成年期相当）开始，表现出进行性肥胖和代谢综合征（代谢综合征专指与糖尿病、高血压和肥胖相关的危险因素）的特征。

负责这项研究的李巍教授说："我们发现携带 SLC35D3 基因突变的老鼠像典型的'电视迷'，它们走路的速度只有正常老鼠走路速度的三分之一左右，不但变胖了，还出现了与'代谢综合征'患者类似的症状。"

此外，李巍教授还筛选了 400 名中国代谢综合征的超重和肥胖患者，发现其中两人携带 SLC35D3 基因突变。对代谢综合征人群的研究显示，SLC35D3 基因突变的比例超过了 5‰。李巍教授说："这已经是一个比较高的比率，以 13 亿人口来算，肥胖人口占到 10%（也就是 1.3 亿），而可能携带 SLC35D3 基因突变的肥胖人群达到近 70 万，相当于一个小国家的人口数了。"

🌿 蛋白激酶抑制剂 α 基因

2019 年，发表在《分子神经生物学》杂志上的一项研究同样发现"懒"和基因有关。来自密苏里大学的研究人员在老鼠身上发现了一种与缺乏运动有关的特定基因，这种基因可能也促进了人类的久坐行为。

研究人员挑选了 80 只雄性老鼠和 80 只雌性老鼠，将它们放进带转轮的笼子里，测量它们 6 天内的主动奔跑量。随后，研究人员选出 26 只

"爱跑"的雌雄老鼠繁殖后代，又选出26只"懒惰"的雌雄老鼠繁殖后代。研究人员对比了培育10代的老鼠，发现"爱跑"组老鼠的主动奔跑量是"懒惰"组老鼠的10倍。

研究人员分析了两组老鼠的基因，发现其间存在十分明显的基因差异。他们在两组老鼠大脑某区域里17000个不同基因中，共识别出了36个可能影响到体育锻炼动力的基因。

为探究这36个基因对体育锻炼动力影响的遗传程度，研究人员让"爱跑"组的老鼠与"懒惰"组的老鼠进行交配，发现"懒惰"老鼠体内的蛋白激酶抑制剂α基因显著减少，这意味着老鼠"犯懒"的特定基因已经被找到。

这项研究的作者，密苏里大学兽医学院教授弗兰克·布斯称："研究表明，基因在某种程度上可以使人懒于运动，而缺乏运动的身体容易罹患各种慢性疾病。我们想要确定具体是哪些基因在发挥作用，最终发现蛋白激酶抑制剂α基因发挥着重要作用。"

📗 如何克服懒的习惯？

2013年，世界卫生组织公布，运动不足已经成为全球第四大死亡风险因素。据估算，全球每年因此而死亡的人数高达320万，且该人数还在逐年增长。

虽然懒和基因有关，但我们不能以此为挡箭牌。如果你想把懒的习惯扼杀在萌芽状态，在日常生活中变得更加积极、活跃，可以试试以下简单的建议。

　》 确定具体、可行的目标。有目标才有动力，有动力才更能克服懒散思想。

　》 学会自我监督。对既定的目标要持之以恒，时刻检查、监督自己是否朝着既定的目标而努力。

　　坏习惯很容易形成，好习惯却很难养成，所以一定要坚持，这样才能克服"懒"的习惯哦！

09 艾滋病治愈案例："柏林病人"后又出现"伦敦病人"

据联合国艾滋病规划署数据，截止 2018 年年底，全世界有近 3700 万人携带艾滋病病毒（HIV）。随着现代医学技术的发展，艾滋病患者通过服用抗逆转录病毒药物抑制 HIV，能够有效控制病情。

2020 年，英国科学家公布了世界第二例被治愈的 HIV 感染者——"伦敦病人"。研究显示，该患者在进行干细胞移植后近 30 个月的时间里，其血液、脑脊液、肠组织和淋巴组织中均未检测到病毒，并且来自供体的 T 细胞在患者体内维持 99% 的生长状态。因此，研究人员认为该患者的 HIV 感染已被治愈。

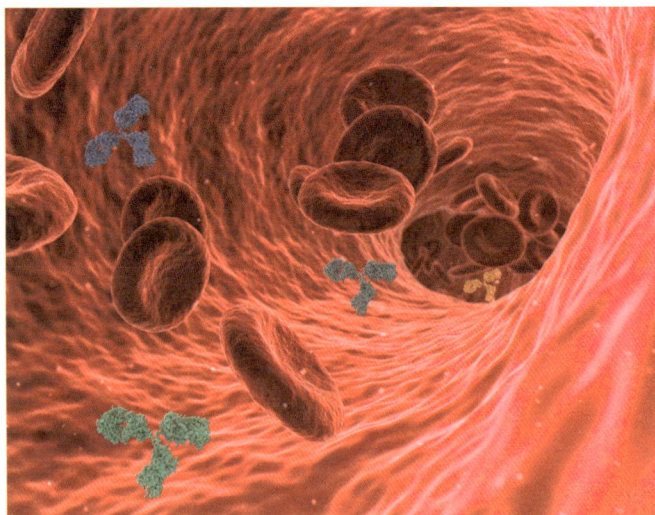

病毒进入人体血管

📖 "伦敦病人"：世界第二例艾滋病治愈者

亚当·卡斯蒂列霍（Adam Castillejo）是全球第二位艾滋病治愈者，被称为"伦敦病人"。

卡斯蒂列霍于 2003 年被检测出 HIV 阳性，罹患艾滋病。当时，没有完全根治艾滋病的药物，病人通常服用抗逆转录病毒药物来最大限度地抑制 HIV，延缓病程，他也只能通过服用药物延续生命。

2011 年，卡斯蒂列霍被诊断出淋巴瘤晚期，医生尝试为他进行骨髓干细胞移植手术。幸运的是，一名德国捐赠者的 CCR5 基因上携带了两个 Δ32 基因突变，而这种突变能够阻止特定 HIV 病毒感染细胞。

2016 年 5 月，卡斯蒂列霍正式接受干细胞移植手术，此后，他的身体开始慢慢恢复，于 2017 年 9 月最后一次服用抗逆转录病毒药物。

2020 年，科学家将卡斯蒂列霍在造血干细胞移植后的病情评估从"长期缓解"（remission）改为"治愈"（cure）。

值得一提的是，在他之前，在艾滋病被发现后的 40 年时间里，正式记录的治愈者只有一人，他就是幸运的"柏林病人"蒂莫西·雷·布朗（Timothy Ray Brown）。2007 年，罹患艾滋病的布朗同时罹患白血病，不得已接受骨髓移植治疗。幸运的是，布朗在接受两次骨髓移植之后，同时战胜了艾滋病和白血病，获得痊愈。2009 年，研究人员发现，在干细胞移植后的 20 个月里，未进行抗逆转录病毒治疗的布朗，体内并未检测到 HIV 病毒。

巧合的是，两位治愈者都接受了骨髓干细胞移植治疗，且供体都携带 CCR5 突变基因。

"柏林病人"和"伦敦病人"相关信息表

HIV 治愈者	治愈时间	其他疾病	治疗方法	供体 CCR5 基因突变
柏林病人	2009	急性髓性细胞性白血病	干细胞移植	CCR5△32/△32
伦敦病人	2020	淋巴瘤	干细胞移植	CCR5△32/△32

🍃 CCR5 基因与干细胞移植

我们有理由相信，这两位患者的艾滋病之所以能够被治愈，是由于干细胞移植技术将供体带有 CCR5 基因突变的干细胞注入了体内，从而在治愈白血病或淋巴瘤的同时，治愈了艾滋病。

研究认为，HIV 能够特异性识别 CD4+的淋巴细胞，在淋巴细胞体内增殖，破坏淋巴细胞，导致人体免疫力下降，诱发各种疾病。然而，HIV 进入淋巴细胞需要与细胞表面的 CCR5 通道结合，如果编码 CCR5 蛋白的基因发生突变，那么 CCR5 蛋白会出现结构异常，导致 HIV 不能进入淋巴细胞。

干细胞移植是将一类具有自我复制能力的多功能细胞从供体移植到受体的技术，一般用于治疗骨髓瘤等疾病，移植的干细胞会产生自己的免疫细胞，有助于破坏癌细胞。

不过，单独的干细胞移植可能并不适用于艾滋病的治疗，骨髓干细胞移植需要利用强力药物和放射物摧毁人体原有的免疫系统，其中存在的风险及其引发的并发症很可能提高病人的死亡率。

总之，"伦敦病人"的治愈案例再次证明：利用 CCR5 突变的造血干细胞移植技术治疗艾滋病是可行的。同时，这一技术也为今后相关疗法的临床应用提供了经验和指导。

10 糖尿病该如何治疗?

　　糖尿病是以高血糖为特征的代谢性疾病,又被称为"富贵病"。高血糖是由于胰岛素分泌缺陷或其生物作用受损,或两者兼有引起的,会导致各种组织(特别是眼睛、肾、心脏、血管、神经)的慢性损害和功能障碍。

　　随着生活水平的提高,糖尿病在人群中的发病率也逐步攀升。据世界卫生组织统计,2014 年,全球范围内 18 岁以上的成年人中,有 8.5% 的人患有糖尿病;2016 年,糖尿病直接致死的人数为 160 万;2000 年至 2016 年间,糖尿病导致的过早死亡率增加了 5%。

　　在高收入国家,由糖尿病导致的过早死亡率在 2000 年至 2010 年下降后,在 2010 年至 2016 年又开始上升;在中低收入国家,由糖尿病导致的过早死亡率在同期都有所增加。那么我国的糖尿病患病率是什么情况呢?

中国糖尿病患病率持续升高

　　国际糖尿病联合会(IDF)发布的第 9 版《糖尿病地图报告》指出:糖尿病是 21 世纪全球发展最快的健康问题之一。2019 年,全球 20～79 岁人群中约 4.63 亿人患有糖尿病,绝大多数为 II 型糖尿病。中国是成人患者数最多的国家,达 1.164 亿,其次为印度(约为 7700 万)和美国(3100 万)。

　　中国疾病预防控制中心的王临虹教授与北京大学的胡永华教授在国际顶级医学期刊 JAMA(《美国医学会杂志》)上发表了一篇研究论文,对中国全部糖尿病和前驱糖尿病患病率进行估计,为中国糖尿病的预防提供了基础依据。

　　据报道,1980 年,中国的糖尿病患病率为 0.67%;2010 年,其数字为 11.6%，患病率增长速度越来越快。研究结果显示，中国成年人中，糖尿病的总体患病率估计为 10.9%，而前驱糖尿病的患病率为 35.7%。前驱糖尿病是指血糖水平高于正常范围但未达到 II 型糖尿病的诊断标准，通常被认为是糖尿病的前期阶段。

该研究还对包括藏族、壮族、满族、维吾尔族在内的少数民族与汉族人群的患病率进行了比较，结果显示，藏族人群的糖尿病患病率明显低于汉族人群。

📖 糖尿病的种类

I 型糖尿病

I 型糖尿病（原名胰岛素依赖型糖尿病，多发生在儿童或青少年时期）的特征是胰岛素生成不足，主要症状包括尿液过多、口渴、持续饥饿、体重减轻、视力下降、易疲劳等。

研究表明，如果免疫系统攻击并破坏胰腺中产生胰岛素的 β 细胞时，胰岛素分泌不足，就会发生 I 型糖尿病。

II 型糖尿病

II 型糖尿病（原名非胰岛素依赖型或成年发病型糖尿病）是由于人体无法有效利用胰岛素而导致的。II 型糖尿病患者比例较高。其病因在很大程度上与患者的生活方式和基因相关，超重、肥胖和缺乏运动的人均有可能患上 II 型糖尿病。另一种病因是家族遗传，在非裔美国人、美洲印第安人、亚裔美国人等人群中更常见。

II 型糖尿病的症状与 I 型糖尿病相似，通常会在数年的时间内缓慢发展，并且在此期间症状可能非常轻微，以至于患者自己都不会注意到。许多 II 型糖尿病患者甚至没有任何症状，有些人直到出现与糖尿病有关的健康问题（例如视力模糊或心脏病），才发现自己已经患上糖尿病。

需要注意的是，II 型糖尿病此前仅在成人中出现，而现在儿童的患病率也在增高。

妊娠糖尿病

妊娠糖尿病指发生在妊娠期的高血糖症，主要通过产前筛查来诊断。女性在怀孕期间的荷尔蒙变化以及遗传和生活方式等因素，都可能引起妊娠糖尿病。患有妊娠糖尿病的女性在怀孕期间和分娩时，发生并发症的风险会增加。

研究表明，患有妊娠糖尿病的女性及其子女将来也可能会患上 II 型糖尿病。

📖 常见药物

糖尿病患病人数不断增多，也给治疗糖尿病的药物带来了巨大的市场机遇。对于 I 型糖尿病，需要注射胰岛素来稳定血糖；II 型糖尿病在症状不是特别严重的时候，口服药物即可缓解症状。如果患者在遵医嘱的服药周期内血糖没有降低，则需要及时入院治疗。

中国市场上常见的降糖药物是二甲双胍，常见的药物作用原理主要有降低血糖浓度、提高胰岛素的分泌能力这两方面。当然，糖尿病患者的家中最好准备一台血糖仪，以便随时监测血糖变化。

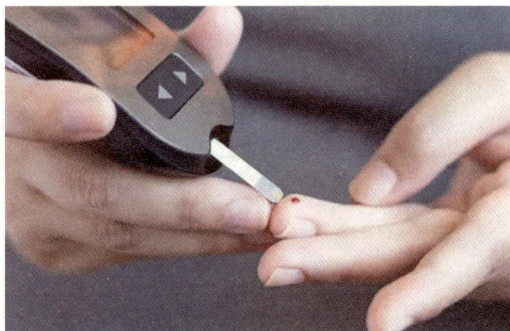

在指尖进行血糖测试采血

Chapter 6

宇宙大冒险

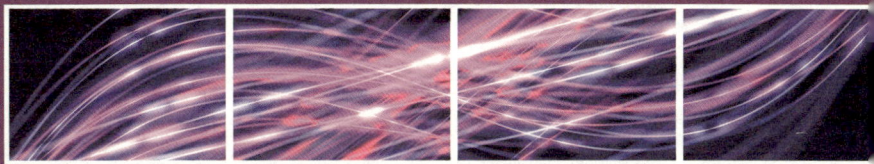

01 "中国天眼"的视神经——可动光缆

2019 年，在上海国际会展中心举行的第 21 届中国国际工业博览会上，"FAST[①]用大芯数、超稳定、弯曲可动光缆"项目荣获新材料专业奖。"可动光缆"究竟是什么？为什么它能够获此殊荣？它与传统意义上的光纤又有着怎样的关系呢？

📖 光纤、光缆的基础知识

光纤的全称为光导纤维，是一种用玻璃或塑料制成的纤维丝，可作为光传导工具。光能够在光纤中长距离传播，主要是因为光在其中发生了全反射现象。

全反射现象是指光从光密介质射入光疏介质的时候，如果入射角增大至临界角时，光就不会射出，而是反射回来继续在光密介质中传播。

从理论上来说，只需要一根独立的玻璃丝就能够实现光纤的作用。相对于玻璃丝而言，外面的空气就是光疏介质，满足发生光的全反射的前提条件。

但是，在实际的工业生产中，为了确保光纤的光传导效果和安全性，它的结构会更复杂，由最内层的玻璃芯和外面一层折射率较低的包层，共同构建出能够发生光的全反射的基本环境，最外面还有一层薄薄的塑料外套，起到保护作用。

---

① FAST（Five-hundred-meter Aperture Spherical radio Telescope），500 米口径球面射电望远镜，被称为"中国天眼"，位于贵州省，为国家重大科技基础设施工程。

光纤其实很细，根据功能的不同，中间玻璃芯的直径在几微米至200 微米。

日常生活中，人们往往会把光纤和光缆混淆在一起，其实两者之间是有差别的。

即便有保护层，光纤依然十分脆弱。为了确保它的安全，在实际应用的过程中，要在光纤外面加上各种包层，以防止水、火、电击等外部环境造成干扰；而将光纤外面的这些包层都加在一起后形成的是光缆。一般而言，光缆从外到内的结构为：缆皮、芳纶丝、缓冲层和光纤。

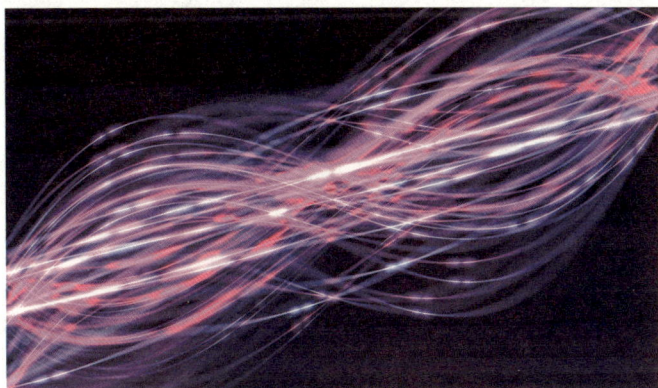

光纤

📖 高锟与光纤通信

光纤能够以极小的能量损失长距离传导光，它的原料成本很低，这些优势让光纤成为一种非常重要的信息传输通道。将信息叠加到光信号上，通过光纤传输出去，可以确保信号的高保真。

说到利用光纤进行信息传输，不得不提及一个重要的人物，他就是 2009 年诺贝尔物理学奖获得者，被称为"光纤通信之父"的华人科学家——高锟。

» 1957 年，高锟开始从事光导纤维在通讯领域运用的研究；

» 1964 年，高锟提出在电话网络中以光代替电流、以玻璃纤维代替导线的构想；

» 1966 年，高锟发表了题为《光频率介质纤维表面波导》的论文，开创性地提出光导纤维在通信领域应用的基本原理，描述了长程及高信息量光通信所需绝缘性纤维的结构和材料特性。

这个理论刚刚提出时，曾被一些人批评为"痴人说梦"。在高锟的不懈努力下，1971 年，世界上第一条 1000 米长的光纤成功问世；1981 年，世界上第一个光纤通信系统启用。此后，光纤通信技术迅速发展，人类通信技术的新时代也随之到来。

🦋 48 芯的超稳定、弯曲可动光缆

可动光缆被称为"中国天眼"的视神经，在"中国天眼"的使用过程中，它的信号接收设备需要根据观测的需要不断改变位置，而接收设备接收到的信号是通过光缆传输到地面数据处理系统的。

接收设备的位置不停变化，意味着光缆的长度要不断改变，也就是说光缆在工作状态中是一直在运动的，这就是可动光缆的由来。

对 FAST 来说，所用的光缆需要禁得住长时间的反复弯曲。科学家做过计算，FAST 中光缆的弯曲次数大概是每年 1.3 万次，而我国最高标准的军用光缆弯曲次数是每年 2000 次。同时，考虑到接收到的信号非常弱，传输过程中对信号损耗的要求非常严格。

综合这些因素，科学家发现，当时所有的光缆中没有一款产品能够满足 FAST 的使用需求，于是，工程技术人员和高校、企业合作，花了整整四年的时间，共同攻克了相关的技术难题，成功研制出了一种 48 芯的超稳定、弯曲可动光缆，突破了 10 万次弯曲的限制，刷新了相关世界

纪录。

　　同时，这种 48 芯可动光缆在运动状态下的信号损耗，比我国军用光缆的损耗还低 75%。2015 年，这种为了 FAST 的需要而研制的新型高品质光缆开始在市场上推广，填补了我国在相关技术方面的空白。而且，该成果将光缆从静态使用推向运动应用这个全新领域，带动了整个光通信产业链的发展，为国家重大科学基础设施的建设提供了有力支持。

02 太空中"共舞"的双黑洞

2020 年，美国国家航空航天局（NASA）展示了天文学家最新观测到的 OJ287 星系中双黑洞的"共舞"现象。其中较大的黑洞的质量是太阳的 180 亿倍，是目前人类观测到的最大的黑洞，而另一个黑洞的质量是太阳的 1.5 亿倍。

较小的黑洞每 12 年先后撞击两次，大黑洞周围由气体尘埃组成的吸积盘所形成的耀斑比 1 万亿颗恒星还亮，甚至比整个银河系都亮。遗憾的是，因为距离遥远，碰撞发出的光需要 35 亿年才能到达地球，也就是说，我们看到的已经是过去的景象了。

🔖 人类对黑洞的探索

万有引力定律是1687年艾萨克·牛顿爵士在《自然哲学的数学原理》上发表的科学成果，其内容为：任意两个质点通过连心线方向上的力相互吸引。该引力的大小与它们质量的乘积成正比，与距离的平方成反比。这是地球环绕太阳公转的根本原因。在黑洞强大的引力影响下，宇宙间的物质向着它不断会集，甚至连光都难以逃脱。同样，在大质量黑洞的引力下，小黑洞开始了轨道不规则的公转旅程。

人类对黑洞的研究由来已久。1783 年，英国自然哲学家约翰·米歇尔就提出了这样的想法：一个和太阳同等质量的天体，如果半径只有 3000 米，那么这个天体将是不可见的，因为它发出的光无法逃离其表面。

1939 年，美国物理学家奥本海默基于广义相对论理论计算得出，一颗的质量超过太阳质量三倍（奥本海默极限）而又没有任何热核反应的"冷恒星"，一定会在自身引力的作用下坍缩成为黑洞，也就是说，该恒星已经成为死亡遗骸。

2014 年，史蒂芬·霍金提出，由恒星爆炸产生黑洞是不现实的，因为它们的质量不足以让其爆炸后坍缩形成黑洞。同时他还提出了"灰洞"理论，该理论认为，物质和能量在被黑洞困住一段时间以后，会被重新释放到宇宙中。

"灰洞"理论能否挑战经典理论的地位还需要时间的检验，不过有一点可以肯定：由于万有引力的存在，小黑洞很可能会在一万年内被吞噬。

📖 双黑洞系统的观测与研究

在 2020 年发现的双黑洞系统中，小黑洞环绕大黑洞运行一周的周期大约是 12 年。但是由于轨道不规则，小黑洞与大黑洞的吸积盘发生碰撞并产生耀斑的时间并不固定。有时耀斑出现的间隔只有一年，而有时则为数十年。

因此，科学家对轨道进行建模和预测耀斑发生的时间，大约有几十年的时间。2010 年，科学家曾建成一个模型，它可以将耀斑发生的预测时间缩小到三周内。通过这个模型，科学家成功预测了 2015 年 12 月出现的耀斑，从而证明了此模型的可靠性。

2018 年，印度科学家进一步完善了这个模型，并且成功地预测了 2019 年 7 月 31 日的黑洞撞击，此次撞击所产生的耀斑幸运地被同日进入观测窗口的美国国家航空航天局（NASA）斯皮策太空望远镜捕捉到了。

斯皮策太空望远镜是目前人类所拥有的最灵敏的红外天文望远镜，它与哈勃空间望远镜同属美国大型轨道天文台计划的一部分，也是全球首个脱离绕地轨道并与地球同步运行的太空望远镜，这使其成为少数能在特定时间观测到位于太阳背面的 OJ287 星系的天文望远镜。

值得一提的是，对这次黑洞碰撞的成功观测，为科学家研究"无毛定理"提供了依据。"无毛定理"是由霍金等科学家在 20 世纪 60 年代提出的，该理论预测了黑洞"表面"的性质。虽然黑洞没有真实的表面，但科学家认为黑洞周围有一个边界，进入这个边界内，任何东西（包括光）都无法逃脱。

有科学家认为，黑洞外缘即事件视界可能是起伏的，也可能是不规则的，但"无毛定理"假设了"表面"没有这样的特征，甚至连头发都没有。换句话说，"无毛定理"认为黑洞的表面是光滑而对称的。

而在此次观测过程中，较小的黑洞恰好在科学家预测的时间穿过了吸积盘，从而表明了 OJ287 星系的超大质量黑洞是对称而平滑的。不过很可惜，在这一定理被证明的时候，霍金教授已经去世了。

03 妖星荧惑有多神秘？

在晴朗的夜空中，我们总能看到几颗明亮的星星。如果你视力够好，有时会看到一颗正在散发魅惑光芒的红色的星星——火星。

火星因其颜色，在西方的神话中总是以战神的形象出现：在希腊神话中，它是战神阿瑞斯；罗马人继承了希腊文化，称它为战神玛尔斯；在北欧，火星是战神提尔。

在中国古代，人们称火星为荧惑。荧荧如火，代表了火星的红色。它在天空中的运动轨迹，情况复杂令人疑惑，故名荧惑。很多时候，火星代表不祥的"妖星"。

📖 红色的死亡星球

火星是太阳系中的第四颗行星，直径约为地球直径的一半，自转倾角和自转周期与地球相近，有着鲜明的四季，因此一直是天文学家最感兴趣的行星之一。

1960年，苏联率先向火星发射了探测器，开始了人类对火星的正式探索。

1964年，"水手4号"探测器成功登陆火星，但它传回的充满陨石坑的火星照片粉碎了人们对火星文明的幻想。

随着"水手9号"等探测器先后发现了火星上的巨大峡谷、火山和疑似河床遗迹等地理现象，火星拥有液态水和生命的可能又重新激起人们的兴趣。

2012年，"好奇号"核动力火星车在火星着陆，其传回的卫星图像显示出水在火星表面流淌过的痕迹。

种种证据表明，火星曾经是一颗温暖湿润的星球。该星球上的红色土壤富含导致火星变为红色的氧化铁。

亿万年前的火星和地球十分相似，同时，火星上的地质活动十分频繁，形成了太阳系最高的山峰——奥林匹斯山，还有最深的峡谷——水手峡谷。

在这一时期，火星的环境和地球十分相似，但随着火星核的逐渐冷却，火星上的碳循环被打破。固结在岩石中的碳无法通过地质活动以二氧化碳的形式排放到大气中，从而形成对星球温度意义重大的温室效应（火星表面平均温度为-5.6℃）。

同时，冷却的核心无法形成磁场保护星球不受太阳风的破坏。火星经过长时间的演化，变成了现在这个大气密度只有地球大气密度1%的红色死亡星球。

📖 NASA 的太空探索计划

2017 年，NASA 向美国国会提交了"国家太空探索运动"计划，希望通过载人航天器和机器人的探索，扩展人类对地球、其他行星以及整个宇宙的认知边界。

该计划准备在不迟于 21 世纪 20 年代末的时间重新登陆月球，并且在月球建立永久定居点，作为探索火星和其他星球的基地。

2020 年 2 月，NASA 向火星发送一种新的携带激光的机器人，科学家们称它为 SuperCam，是原计划于 2021 年 2 月发射的"火星 2020"漫游车上的七台仪器之一。

SuperCam 机器人从火星车的头部发射脉冲激光束，帮助研究人员识别火星车机械臂无法触及的矿物和火星车无法通过的陡峭区域。

科学家还可以利用 SuperCam 激光获得的信息，来帮助他们决定是否捕捉岩芯作为样本。SuperCam 增加了发射绿激光的激光器，通过它可以确定物体表面材料的分子构成。

此外，SuperCam 还可以利用太阳光反射的可见光和红外线来研究岩石和沉积物中的矿物含量。它还配有一个可以记录声音和信息的麦克风。这种机器人将成为 NASA 火星计划的有力工具。

📖 中国的火星计划

2019 年 11 月，中国航天科技集团公司首次公布了载人登陆火星的计划，这一计划有望在 2050 年完成。

该公司公布了火星探测器的外形。据报道，上海空间推进研究所已经完成了航天器推进系统在火星着陆尝试的悬停、避险、减速和着陆阶段的测试。该航天器携带的火星车重达 240 千克，是"玉兔"月球车的两倍。它将携带导航系统、地形和多光谱相机、一个地下探测雷达、一个类似于美国"好奇号"LIBS 仪器的激光诱导击穿光谱仪、一个火星表面磁场探测器和一个气候探测器。

2021 年 2 月 10 日，我国首次火星探测任务"天问一号"探测器顺利进入环火星轨道，成为我国第一颗人造火星卫星，实现"绕、着、巡"目标的第一步，环绕火星成功。

2021 年 5 月 15 日，我国首次火星探测任务着陆火星取得圆满成功，"天问一号"成功着陆于火星乌托邦平原南部预选着陆区。

2021 年 5 月 22 日，"祝融号"火星车安全驶离着陆平台，开始对火星进行巡视探测活动。

04 金星可能存在"生命印记"？

2020 年 9 月，一个国际天文学家团队通过欧洲南方天文台（ESO）望远镜，在金星的大气中发现了稀有分子磷化氢。在地球上，这种分子一般由工业制造或无氧环境中成长的微生物产生。

有科学家提出，金星上厚厚的云层可以为微生物提供一个栖身之所，磷化氢的发现对金星上存在生命的可能性提供了部分证据。

📖 金星的环境有多糟

金星是太阳系中大小和质量与地球最接近的一颗行星，它的半径约为 6073 千米，比地球半径小 300 千米，体积是地球的 0.88 倍，质量为地球的 4/5，平均密度略小于地球。

在罗马神话传说中，金星是爱与美的化身——维纳斯，故而金星被称作维纳斯（Venus），它的天文符号是用维纳斯的梳妆镜来表示的。

其实，金星上的环境并不适合生物生存。它是太阳系中火山分布最为密集的行星，大小火山共计十万余座。火山的喷发一方面使金星 90% 以上的地表由不久之前才固化的玄武岩熔岩覆盖，另一方面也改变了金星的大气层。

在金星的大气层中，二氧化碳含量占 97% 以上。这些二氧化碳导致了严重的酸雨问题，还造成了金星的温室效应，使它成为太阳系中最热的行星，温度最高可达 500℃。此外，金星的大气压是地球的 90 倍。这种恶劣的环境让生物很难在这里生存。

📖 欧洲南方天文台

欧洲南方天文台是欧洲最重要的政府间天文合作科研组织，也是世界上迄今为止最具影响力的地面天文台。其总部位于德国慕尼黑北部的加兴，而大部分观测设备在智利。

该组织目前已有 16 个成员国：奥地利、比利时、捷克、丹麦、法国、芬兰、德国、爱尔兰、意大利、荷兰、波兰、葡萄牙、西班牙、瑞典、瑞士和英国，此外还包括智利、澳大利亚等战略伙伴。

欧洲南方天文台的工作重点是设计、建造和运行地面观测设施，为天文学家重要科学发现提供保障。同时，欧洲南方天文台在组织天文研究、促进天文合作等方面也发挥着重要作用。

本次发现的磷化氢分子是由位于夏威夷的麦克斯韦望远镜（JCMT）观测到的。随后，研究小组又通过位于智利的拉诺德查南托天文台的阿塔卡玛大型毫米波天线阵（ALMA）进行了确认。

多国合作建造的阿塔卡玛大型毫米波天线阵，设立在智利北部安第斯山脉支脉帕拉那山（南纬 23 度 02 分，西经 67 度 45 分），是南半球甚至全世界观测条件最佳的天文台之一。当地年平均可观测天文现象的时间在 300～330 天，干燥的气候使当地具有稳定的大气视宁度[①]，因此，在这里观测天文现象时不会受到水汽影响。

📖 金星云层中的磷化氢

据国际天文小组成员估计，金星云层中的磷化氢浓度很小，每 10 亿分子中只有约 20 个磷化氢分子。地球上的细菌可以制造磷化氢：它们从矿物或有机质中吸收磷酸盐，与氢气进行化学作用，最终产生磷化氢。

---

① 大气视宁度：对受地球大气扰动影响的天体图像品质的一种量度。主要用以描述点源图像的角的大小和面源图像的清晰度。

如果金星上也存在类似细菌的话，因金星恶劣的环境，它们会与地球的细菌有很大不同，而这些细菌可能是磷化氢的来源。

天体生物学家倾向于把磷化氢当成一种生命示踪信号，他们认为除了工业生产以外，只有生命中才会有这种高效的化学反应，能持续产生大量的磷化氢。此次发现将成为金星上可能存在生命的重要线索。

欧洲南方天文台的天文学家称："依据目前对类地行星大气层中磷化氢产生机制的理解，排除了金星上的磷化氢是由非生物产生的可能。确认金星大气层上存在生命痕迹将是天体生物学的一个重大突破，因此，必须对这个结果进行理论和观测研究，以排除类地行星上磷化氢产生于其他来源的可能性。"

虽然天文学家在金星的云层中发现了磷化氢，但想要开展下一步的研究依然困难重重。当金星与地球处于合适角度时，天文学家可以通过ALMA望远镜清晰地看到金星上的大气层。不过，相对于ALMA观察的其他恒星而言，金星过于暗淡，在继续研究方面想要有突破性进展还需要更多时间。

对金星和太阳系外岩石行星的观测，以及欧洲南方天文台即将推出的超大望远镜，都有助于收集有关磷化氢起源的线索，也有助于寻找地球以外的生命迹象。但这些都属于间接证据，想获得直接证据还需要通过探测器进入金星大气进行进一步实地勘探。

05 其他行星上日落时是什么颜色？

夕阳西下

　　黄昏，夕阳将周围的天空染成火红色，美不胜收。日落时分，若你走在海边的沙滩上，或许还会在落日的尽头看到天空中出现的一小片绿光。这片绿光是怎么回事呢？要想知道答案，我们就要先了解一下日落时天空的色彩从何而来。

📖 日落时天空的色彩从何而来？

　　大气由非常微小的气体分子组成，其主要成分是氮和氧。进入地球大气层的光与空气中的微粒相撞后，会向各个方向发生瑞利散射。根据瑞利定律，光在介质中的散射强度与光的波长的四次方成反比，也就是说，蓝光和紫光等短波光更容易发生瑞利散射，而波长较长的红光、橙光、黄光则不容易发生瑞利散射。

海上日落

　　在晴朗的白天，当太阳光经过大气层时，与大气层的分子发生瑞利散射。由于紫光、蓝光比红光、黄光的波长短，更容易发生瑞利散射，被散射后会布满整个天空，使天空呈现蔚蓝色；由于波长较长的红光、黄光能够穿透大气层直接到达地面，因而，此时的太阳及其附近的天空呈现白色（所有这些光混合后的颜色）。

　　在早晨或傍晚，太阳光与地面形成的角度较小，意味着太阳光需要穿过较厚的大气层才能进入我们的视野。在这个过程中，紫光、蓝光等短波光被反复散射，能够到达我们眼睛的特别少；而红光、黄光等长波光因具有较好的"通透性"，可以直接穿透大气层。因此，在日出或日落时，太阳及附近的天空会呈现红色或黄色。

　　至于波长相对较长的绿光，每次日落时都有可能出现，但由于时间很短，只有几秒钟，因此，肉眼很难发现。

🔖 其他行星上日落时天空的颜色

　　美国有学者发表文章称，每颗行星上日落时天空的颜色并不相同，这些颜色是由每颗行星大气层中的粒子散射太阳光的方式决定的。

大气层以气体为主的行星都和地球类似，日落时波长较长的光的颜色在天空中占主导地位。例如，在天王星上，大气中的氢、氦和甲烷气体粒子会散射波长较短的蓝光和绿光，同时吸收（但几乎不会再发射）波长较长的红光。白天，天王星的天空会呈现出明亮的蓝色。与绿光相比，波长较短的蓝光更容易被气体粒子散射，因此在日落时，两种光散射后又混合，天空会变成蓝绿色。

如果行星的大气层由气体以外的物质主导，则以上理论不再适用。例如，在火星上，大气层主要由微米级的尘埃悬浮颗粒构成，而它的气体密度只占地球的1/80，也就是说，火星天空中光的散射不再以气体分子为主导，而是由尘埃颗粒控制。

研究人员对火星探测器"勇气号"的数据进行研究，发现火星尘埃散射光的方式与气体分子不同，日落时天空呈现蓝色的原因与尘埃粒子散射光的方式有关。比如，地球上的气体分子会把光散射到各个不同的方向，但火星上的尘埃主要将光散射到同一个方向（前方）。

此外，尘埃粒子散射红光的角度比蓝光大得多。蓝光的散射范围不是很广，所以会变得更加集中。因此，火星上蓝光的强度大约是红光的六倍。

如果你有机会去火星上看日落，你会发现太阳是白色的，这是因为火星的大气层太稀薄，光线穿过大气层时并不会改变颜色。研究人员称："太阳周围还有蓝色的光芒，再向远处望，天空开始泛红，你可以看到红光会以更大的角度向外散射。"

总之，日落时天空的颜色由所在行星的大气层决定，至于其他行星和卫星上日落时天空是什么颜色，需要彻底了解它们的大气成分才能预测，如果这些天体上有气态的大气层，日落时天空有可能出现波长更长的光。

Chapter <u>7</u>

环保集结号

01 为什么倡导"零浪费"的生活方式？

随着移动互联网的普及以及快递行业的迅速发展，网购越来越方便快捷，比起在线下，很多人更愿意选择网上购物。2009 年天猫"双十一"活动的成交额为 5000 万元，2020 年成交额达到 4982 亿元。不过，当我们兴高采烈地拆快递时，是否想过被撕下的快递包装将何去何从？

随着地球人口的剧增以及生活方式的转变，人类生活对大自然产生的负面影响日益严重。着眼于未来，我们是否应该探索和建构零浪费、可持续性的生活方式呢？

📖 地球上有多少垃圾？

2020 年，《柳叶刀》发布的一份报告指出，地球人口已超过 78 亿。据估计，全球每年产生的固体废物超过 21 亿吨，这意味着每个人平均每天就要产生 0.74 千克的垃圾。那么，可想而知世界每天产生的垃圾量有多巨大。

不同国家、地区产生垃圾的数量不同。世界银行发布的报告称，占全球人口 16% 的高收入国家，每年产生的垃圾占世界垃圾总量的 34%，约 6.83 亿吨；而占世界人口 9% 的低收入国家每年产生的垃圾仅占世界垃圾总量的 5%，约 9300 万吨。

📖 垃圾可分为几类？

总的来说，人类产生的垃圾可分为四种不同类型：城市固体废物、

塑料垃圾

农业废物、工业废物和有害垃圾。其中，城市固体废物最多，家庭、商店、酒店和其他机构均会产生以食物、塑料、纸板、玻璃、灰烬、混凝土、工业污泥、农药等形式为主的固体垃圾。

高收入国家产生的厨余垃圾较少，约为本国垃圾总量的32%，产生的干垃圾（如纸板、玻璃、金属等）约为总量的51%，其中大部分是可回收的。发展中国家或低收入国家产生的厨余垃圾约占本国垃圾总量53%，可回收垃圾仅占20%。

📕 垃圾都去哪儿了？

由于大多数国家（特别是低收入国家）缺乏适当的垃圾处理设施，全球垃圾中的37%被倒入垃圾填埋场、31%被倒入露天场地，还有许多垃圾直接被倒入海洋。

研究显示，散落于全球海洋中的塑料碎片（四个尺寸等级）多达5.25万亿片，重约26.9万吨。艾伦·麦克阿瑟基金会报告中的数据则

拒绝使用一次性包装制品，可以迫使制造商重新考虑制作方式

指出，人类每年生产的塑料包装物约 7800 万吨，其中 32% 被丢弃到海洋中。这个数字相当于每分钟就有一卡车的塑料垃圾被倒进海里，是不是十分令人震惊？

🔖 垃圾处理方式存在危害

如果我们无节制地将垃圾倒入大自然并进行焚烧，就会不断增加空气中的碳排放量。例如，有研究指出，2016 年全球固体废物处理产生的温室气体排放量约为 16 亿吨，占全球碳排放量的 5%，其中 47% 来自食物浪费。

另外，倾倒在海洋中的垃圾可能会对整个海洋造成污染，这种污染会降低海洋中的氧气含量。如果海洋生物不幸摄入塑料或被塑料缠住，就会威胁它们的生命。

垃圾处理不当还可能传播疾病，对人类造成严重危害。尼日利亚的一项研究发现，由于垃圾处理不当，当地居民经常遭受皮肤感染、腹痛和伤寒的困扰。那么，我们能否实现"零浪费"呢？

🔖 什么是零浪费？

2018 年 12 月起，零浪费国际联盟开始采用经修订的"零浪费"

（Zero Waste）定义，即通过负责任的生产、消费、重复使用，以及对产品、包装和材料的回收来节约和保护所有资源，不焚烧、不把危害环境和人类健康的物质排放到空气、水和土壤中。

简单来说，"零浪费"的目标是让垃圾不再进入垃圾填埋场、焚烧炉或海洋中。为实现这个目标，我们需要从"生产—消费—丢弃"的线性经济系统转向循环经济系统。

"零浪费"生活和循环经济将改变产品从最初的设计制造到最后的回收处理的所有流程。我们可以通过修理、重复使用、升级和翻新来延长产品寿命，保护珍贵的自然资源，减少污染，保护动植物栖息地。

"零浪费"的生活方式

在循环经济系统中，每个人都能发挥举足轻重的作用。与此同时，我们应倡导"零浪费"的生活方式，从源头减少垃圾的产生，比如携带布袋购物、拒绝一次性塑料袋和吸管、减少食物浪费等。

归根结底，就是要坚持"5R"原则：

» Refuse（拒绝）：拒绝不需要的物品，避免垃圾的产生；

» Reduce（减少）：减少需要的物品；

» Reuse（多用）：重复利用，物尽其用，让闲置物品再次被利用；

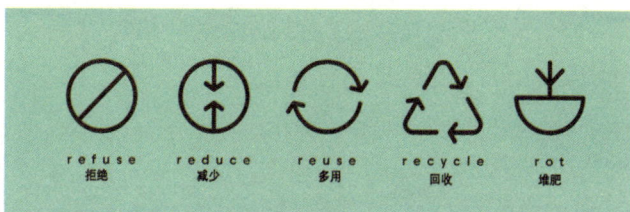

"5R"原则

» Recycle（回收）：回收利用不能销毁、减少、再利用的物品；

» Rot（堆肥）：堆肥降解不能再用、回收的物品。

"零浪费"的生活方式并不是要求我们不产生任何垃圾，而是从源头上减少垃圾的产生，做到物尽其用。从拒绝一次性塑料袋、少喝一次性包装矿泉水做起，我们的每一个小决定都会影响整个星球的命运。

02 我们有机会将全球气温增幅控制在2℃以内吗？

　　根据美国国家航空航天局和美国国家海洋和大气管理局的独立分析，自1880年有记录以来，2019年的全球平均气温位居史上第二。在全球范围内，2019年的平均气温仅次于2016年，延续了地球长期变暖的趋势。

　　专家称，自19世纪80年代以来，全球平均气温一直处于上升状态，现在的平均温度比19世纪末的平均温度高1℃。科学家利用气候模型和全球温度数据的统计分析得出结论，这种增长主要是由人类活动产生的二氧化碳和其他温室气体排放量的增加造成的。

　　二氧化碳的排放量增加会导致全球气温上升、冰山融化、海平面上升，进而给人类带来巨大的灾难。据科学家预测，全球气温上升3℃，

工业排放造成空气污染

将使海平面不可逆地升高约 2 米。若海平面上升 2 米，上海、亚历山大港、里约和大阪这些沿海城市受影响最大，届时美国迈阿密州或许会被淹没，佛罗里达州也将有 1/3 沉入水下。

🔖 气温上升幅度控制在多少才算安全？

全球变暖以及由此带来的种种自然灾害如此严重，那么，在 21 世纪，全球气温上升幅度控制在多少才算安全呢？

2009 年哥本哈根世界气候大会提出，与 1750 年工业化之前的水平相比，全球气温继续升高 2℃是人类社会可以承受的最高限度。因此，要在 21 世纪末把全球气温控制在比工业化时期前温度高 2℃以内。

2016 年 4 月 22 日，170 多个国家领导人齐聚纽约联合国总部，共同签署关于气候变化问题的《巴黎协定》。2016 年 9 月 3 日，中国正式加入《巴黎协定》。2017 年 6 月 1 日下午，美国前总统特朗普宣布美国退出《巴黎协定》，不过，美国的中途"下车"无法阻挡全球应对气候变化的决心。

《巴黎协定》的主要目标是将 21 世纪的全球平均气温上升幅度控制在 2℃以内，并将全球气温上升控制在前工业化时期水平之上 1.5℃以内，以避免如热浪和干旱、极端降雨和海平面上升之类的灾难性后果。因此，上升幅度控制在 2℃以内是上限，控制在 1.5℃以内是要努力达成的目标。

🔖 "碳预算"还剩多少？

"碳预算"的概念最早是由《京都议定书》的策划者提出的，最初目标是确定在国家乃至全球范围内，在一定时期允许排放到大气中的碳的数量，以保证将全球变暖的增幅控制在 2℃以内。

在哥本哈根世界气候大会上曾给出过二氧化碳可排放量（碳预算）的限额：以控制气温增幅在2℃以内为上限，到2050年为止，全球可以排放的二氧化碳最多约为8000亿吨。中国科学院院士丁仲礼认为，IPCC（联合国政府间气候变化专门委员会）报告原文中，并没有明确气候变暖是人类活动产生二氧化碳所带来的结果，也没有确切数据表明二氧化碳能对气候变暖产生多大影响，所以"8000亿吨"这个数据是以二氧化碳升温效应为基础计算出来的结果。

不仅如此，近几年关于"碳预算"的各种科学估计值之间相差也很大。所以，"碳预算"还剩多少其实并没有一个准确的科学估计值。"8000亿吨"的估值饱受争议，但我们可以将其作为一个科学预测数据来参考。

假设从2010年至2050年的二氧化碳的总排放量最多为8000亿吨，2018年，全球的二氧化碳排放量达到了371.3亿吨的新高度，相比2017年增加了2.7%。全球二氧化碳排放量仅2018年一年就达到371.3亿吨，假设后期每年均按照这个标准排放，到2050年的32年间，会排放11881.6亿吨二氧化碳，远远超出8000亿吨的估值。

另外，不管哪个国家在哪个方面产生的二氧化碳排放量，几乎都呈现上升趋势。换句话说，全球二氧化碳每年的总排放量或许还会继续增加。而且，这些结果是根据气温上升2℃的上限推算的，若根据1.5℃的目标，"碳预算"会更少。

🔖 科学家对减排目标"泼冷水"？

2018年10月，联合国政府间气候变化委员会（IPCC）发布的《IPCC全球升温1.5℃特别报告》指出，在1.5℃温控目标下，全球只有4200亿～5800亿吨二氧化碳排放空间。目前的全球气温较1750年工业化之前的水平已经升高了1℃，全球气温最快在2030年就有可能升高 1.5℃。要想达到 1.5℃ 的温控目标，人们就必须加快控制全球气候变暖的进程了。

2018 年 8 月，科学家首次全面评估了现有和拟建能源基础设施的"碳锁定"效应①。研究认为，如果现有能源基础设施按历史平均服役寿命和设备投运率运行，产生的二氧化碳排放量约为 6580 亿吨，将超出 1.5℃温控目标的"碳预算"。当然，这个数字还没有考虑到全球正在建设以及将要建设的大型燃煤、燃气、燃油发电厂。而且根据行业巨头预测，未来几十年还将建设更多的化石燃料基础设施。

另外一种温室气体甲烷（1 立方米的甲烷造成的温室效应是二氧化碳的 20～25 倍）的总量也在上升，这就意味着，二氧化碳的排放量将有极大的可能性持续上升，二氧化碳排放量的"空间"却在不断缩小。因此，1.5℃的温控目标其实很难做到。

达成温控目标道阻且长

直到 2018 年，全球生产和生活消耗能源的 85% 仍是化石能源，即便二氧化碳的排放量大大减少，也只是减缓大气中二氧化碳含量的增加速度而已，二氧化碳总量依旧在持续增加。换句话说，"减少碳排放"不能作为减缓气候变暖的唯一手段，需要采用其他手段和方法综合减缓气候变暖。

改善能源效率。这意味着我们可以使用少得多的能源达到同等目标，比如设计利用阳光和天然空气循环的建筑，这样可以减少用于制热、制冷和通风的商业能源。

---

① 碳锁定是一种产生于工业国家历史发展路径的状态，这种状态也称为"技术–制度复合体"（Tecno-Institutional Complex，简称TIC），它是由技术系统和管理其扩散和应用的公共与私营机构组成的。

需要转向太阳能、风能、水能、核能、地热能和其他不基于化石燃料的能源形式。如今，在技术上已经可以通过安全、廉价和足够规模的替代能源，来取代几乎所有现在所使用的煤炭和大部分石油，只保留天然气（最清洁的化石燃料）继续充当主要能源来源，直到21世纪中叶。

捕捉发电厂产生的二氧化碳，避免这些二氧化碳逃到大气中。捕捉到的二氧化碳可以注入地下或海底，做长期的安全储藏。碳捕捉和隔离（CCS）技术已经实现了相当小规模的成功应用（主要用于枯竭油井的油气回收），当且仅当碳捕捉和隔离可以成功地得到大规模应用时，依赖煤炭的国家才可以继续使用它们的储备。

不容忽视的是，全球的气候环境正在逐渐恶化，我们不能坐以待毙，无论实现温控目标的路有多艰难，只要有效、可行，我们就要积极行动起来，保护我们共同的家园！

03 全球风速迅速增长，预计还将持续十年？

北京雾霾严重的时候，有人说：北面的"三北防护林"挡住了北京的风道，使得北京的风次数少而且风量小，雾霾不能被驱散，造成了重度污染天气。

这真的是造成严重雾霾污染的原因吗？当然不是！研究发现，风速变化主要与大规模海洋和大气环流模式的变化有关，是由大规模的海洋/大气振荡所驱动的，对风速变化产生影响的关键因素是太平洋年代际涛动（PDO）、北大西洋涛动（NAO）和热带北大西洋指数（TNA）。

一个国际科研团队分析了 1978 年至 2017 年从欧洲、北美和亚洲 9000 多个气象站获取的数据。分析结果显示，从 1978 年开始的前 30 年，全球平均年风速以每十年 2.3% 的速度显著下降，而且人们认为在未来几十年里，风速将持续放缓。他们计算，如果这一趋势持续到 21 世纪末，全球风速将下降 21%。

这一现象引起了正在蓬勃发展的可再生能源行业的重大担忧，他们认为这是对风力发电潜能的威胁，风速的减缓将使风力发电量减半。

令人高兴的是，新的研究结果表明，在过去十年，全球风速又开始迅速增加。自 20 世纪 70 年代以来，令人担忧的风速下降趋势——即全球陆地静止现象——现在已经逆转，而且自 2010 年以来风速开始显著增长。

🍂 地表风速变化的潜在原因

全球风速迅速增加，这对可再生能源产业来说是个好消息，风能是一种迅速发展的、可替代传统化石燃料的新能源。截至2018年底，全球风电装机总容量达到597千兆瓦，可满足全球近6%的电力需求。

目前的研究结果显示：自2010年以来，风速的增长速度比2010年之前的下降速度快了三倍。如果这一趋势再持续十年以上，2024年风力发电量将增至330万千瓦时，总体增长37%。

另外，研究小组还研究了风速下降后再上升的潜在原因。先前有一种理论认为，风速的减缓与城市化和植被变化导致的地表"粗糙度"增加有关，这些现象就像给风增加了一个"过滤器"，会减缓风速。

然而，有研究小组已经证明，这种风速下降后再上升的现象，与大规模海洋和大气环流模式的变化有关。同时，我国南方科技大学课题组也研究了全球陆地静止状态及其逆转的潜在原因，同样否定了"植被生长活动增强或城市化引起的地表粗糙度增加，导致全球风速静止"的假设。

由于这些风型的变化需要十年左右的时间，所以研究人员认为，风速的增加至少还应该持续十年。这些研究成果对全球风能领域具有非常重大的价值，将有利于风电行业的蓬勃发展，是将风能发展成可再生能源的重要科技支撑。

不过，该研究团队称，未来海洋和大气环流的模式，也可能会导致风速再次进入下降趋势。因此，预测这些变化应该是风电行业的首要任务。

📕 中国风资源概况及分布

我国风能资源主要集中在"三北"区域（东北、华北、西北）、东南沿海及邻近岛屿、内陆个别风能丰富区和近海风能资源丰富区。

在沿海及其岛屿地区，包括辽宁、天津、河北、山东、江苏、上海、浙江、福建、广东、广西和海南等，其风速分布总体呈现如下规律：离海岸线较近的海上区域及陆上区域（大概10千米左右），风速基本能达到7米/秒～8米/秒；离海岸线较远的海上区域（10千米～300千米），风速能达到8米/秒以上；而离海岸线10千米以上的内陆区域风速则会迅速降低，大概在6米/秒～7米/秒。

另外，在福建、浙江沿海以及台湾海峡区域，风速相当大，其平均风速达到9米/秒以上，具有非常丰富的风资源。

"三北"地区风能丰富带为近200千米宽的地带，主要包括东北三省、内蒙古、河北、甘肃、宁夏和新疆等地区。东北的风资源主要分布在其东部与西部，东部地区最大年平均风速达到8米/秒以上，一般能达到6米/秒以上；西部地区年平均风速基本在6米/秒～7米/秒，而且分布较为广泛。

内蒙古是我国内陆风资源第一大省份，其风资源的特点是风速大且分布广，主要分布于内蒙古东北部地区。该区域最大年平均风速达到9米/秒以上，大部分地区的年平均风速在6米/秒以上，而且覆盖地区面积很广，可开发利用的风能资源十分丰富。

另外，内蒙古周边风能较多的地区还有甘肃、宁夏、山西北部以及

风能发电

河北北部，这些地区的风速也很大，年平均风速达到 6 米/秒以上，而且分布广泛，蕴含的可开发风资源很丰富。

新疆的风资源主要分布于北部阿尔泰山区、中部天山山区以及南部昆仑山脉，这些地区的最大年平均风速达 8 米/秒～9 米/秒，风速较小的地区其年平均风速也能达到 6 米/秒～7 米/秒。总体来说，这些地区的风资源比较丰富，具有较好的开发利用价值。

04 环保的荧光灯真的环保吗？

废弃的灯管

不知道从什么时候开始，白炽灯逐渐从我们的生活中消失了，取而代之的是各种荧光灯，荧光灯已然成为我国照明的"生力军"。

但令人担心的是，据估算，我国2015年废弃的荧光灯数量为41.31亿只，2020年达到58.37亿只。日益增多的荧光灯垃圾引发了人们对荧光灯影响环境的思考，号称"绿色环保"的荧光灯真的环保吗？

荧光灯的污染从何而来？

节能的荧光灯真的会产生污染吗？答案是肯定的。这要从荧光灯的工作原理说起。

传统的白炽灯通过将灯丝加热到足够高的温度，使物体以可见光的形式向外散发能量，来实现照明，在这个过程中，只有 5% ～10% 的电能被转化为可见光。而荧光灯是利用气体放电来产生可见光，从而实现照明。荧光灯首先利用汞蒸气放电产生紫外光和少量可见光，然后再通过外壁的荧光粉将大部分紫外光转化成可见光。因为不必再将热量浪费在加热灯丝上，荧光灯可以将大约25%的电能转化为光能，这也是荧光灯被归为节能灯并得到广泛推广应用的重要原因。

通过汞蒸气放电产生紫外线是荧光灯工作原理中不可替代的一环，这决定了在荧光灯制造过程中不可避免地要使用重金属汞，而这也是荧光灯污染的主要来源。

汞属于高毒性液态金属，在自然环境中能够长期存在，并通过各种途径进入水体或大气中，产生相当严重的环境污染问题，还能在整个食物链中形成生物累积和放大，严重威胁人类健康，被联合国环境规划署列为全球性污染物。

除汞以外，荧光灯的玻璃灯管中含有氧化铅和砷，也会对环境造成影响。早在 2008 年，废弃荧光灯管就已被列入《国家危险废物名录》中，属于毒性危险废物。

污染积少成多

在控制荧光灯污染的问题上，我国也在紧跟时代步伐。在 2013 年修订的《普通照明用自镇流荧光灯性能要求》中，要求 30 瓦以下的自镇流荧光灯汞含量要低于 2.5 毫克，30 瓦以上的灯管中汞含量也不能超过 3.5 毫克。根据 2014 年《人民日报》所做的调查，我国正规厂商生产的荧光灯均符合甚至优于这一标准。

世界卫生组织（WHO）根据人体排出、吸入体内的汞的能力，建议汞吸入量的安全标准为每千克体重每周 3.3 毫克（对于体重 50 千克的普通成年人，一周时间内连续吸收汞不超过 35～165 毫克即是安全的）。也就是说，即使一只汞含量为 3.5 毫克的灯管中的汞，全部被一名体重 50 千克的成年人吸入，这对他来说也是安全的。更何况在实际情况下，荧光灯管的汞含量会低于这一数值且不完全挥发，空气流通也能降低汞蒸气浓度，单只荧光灯灯管破碎对人健康造成的影响是较低的。

但是，整个社会使用荧光灯的环境影响依然存在，巨大的荧光灯数量造成的汞污染是相当严重的。

此外，在生产流通过程中，汞污染同样存在。荧光灯制造是我国最大的汞消耗产业之一，研究表明，荧光灯生产企业周边土壤和植物中的汞含量均高于对照地区。在荧光灯彻底退出市场之前，汞污染的风险还将长期存在。

荧光灯管得不到妥善的回收，也是造成污染的一个重要原因。虽然近些年北京、上海等城市施行集中收集废旧节能灯、设立专门回收点等方案，开展节能灯的回收工作，但是由于居民环保意识不足、回收产业利润低等影响，废弃荧光灯的回收处置量仍不到报废量的 15%。更多的废弃荧光灯与其他生活垃圾一起被填埋焚烧，最终使有害物质流入空气、土壤，造成污染。

🔖 "光明"的未来

虽然荧光灯污染已然成为一个环境问题，不过情况正在向好的方向发展。因为荧光灯产量的降低以及低汞技术的推广，荧光灯污染的总量正在下降。

此外，一系列荧光灯回收的技术也在投入使用，例如蒸馏回收灯管中的汞、采用化学方法回收灯管电极中的稀土等。垃圾分类这阵"东风"，给解决荧光灯管污染问题带来了"光明"的未来。我国已全面实行垃圾分类制度，将荧光灯归为有害垃圾或者为其单独设置回收点，之前由于居民环保意识低导致的大量荧光灯得不到回收的问题将有望得到解决。

　　我国很多地区已经开始单独回收荧光灯管。更为重要的是，随着LED（发光二极管）的广泛应用，作为照明光源的荧光灯正被逐步取代。更节能、对环境影响更小的LED灯已经进入我们的生活。

Chapter <u>8</u>

海底总动员

01 中国深海潜水器中的"龙"系列

"蛟龙号"

中国深海潜水器的"龙"系列包括"海龙"系列、"潜龙"系列和"蛟龙号"。

深海潜水器分为哪几类？

就深海潜水器而言，从是否载人的角度，可以分为载人潜水器和非载人潜水器；从能不能在水下自由航行的角度，又可以分为有缆型和无缆型。

非载人潜水器也被称为无人遥控潜水器，俗称水下机器人。目前，

无人遥控潜水器主要分为有缆遥控潜水器（ROV）和无缆遥控潜水器
（AUV）。其中，有缆遥控潜水器又分为三种类型：水中自航式、拖航式
和能在海底结构物上爬行式。

载人潜水器也分为有缆和无缆两种，它们最大的区别就在于：无缆
载人潜水器可以在深海之中自由航行，而有缆载人潜水器更像一个能够
在水中直上直下的电梯。

有缆无人型潜水器——"海龙"系列

"海龙"系列中的杰出代表是"海龙二号"，它是我国自主研制的水
下机器人，属于有缆遥控潜水器。"海龙二号"能够在 3500 米水深、海
底高温和复杂地形等特殊环境中开展海洋调查和作业，除了深度上的优
势之外，还在世界范围内首次采用了一些自主研发的先进技术，如虚拟
控制系统和动力定位系统等。

"海龙二号"的灵活性在国内诸多潜水器中也是独领风骚的，它设
有七个推进器，其中四个水平推进器负责加大前后和侧向推力，三个垂
向推进器则用于少量调节潜水器的纵横倾（纵向和横向的倾斜），以保持
平稳。七个推进器确保了"海龙二号"能够在水下轻松自如地前进、后
退、上下运动和侧移，自由移动，进行位移勘探。

"海龙三号"也是"海龙"系列潜水器中比较活跃的一分子，它的
最大作业深度达到了 6000 米，具备海底自主巡线能力和重型设备作业能
力，可以搭载多种调查设备和重型取样工具，功能十分强大。

无缆无人型潜水器——"潜龙"系列

除了"海龙"系列之外，我国潜水器中最具有代表性的就要数"潜
龙"系列了。就目前已经诞生的"潜龙"系列水下机器人来说，它们都

属于无缆遥控潜水器。

2012 年 12 月，我国第一台自主研制的无缆遥控潜水器"潜龙一号"成功诞生，它的最大工作水深可以达到 6000 米，巡航速度为 2 节[①]，最长续航时间是 24 小时。"潜龙一号"可以用来开展海底微地形地貌精细探测、地质判断、海底水文参数测量和海底多金属结核丰度测定等作业。

2013 年 10 月 6 日，"潜龙一号"执行了首次应用任务，顺利下潜到 5080 米的深度，在水下进行了 8 小时 5 分钟的作业，创下了我国自主研制水下无人无缆潜水器深海作业时长的新纪录。

"潜龙二号"的外形像一条可爱的大鱼，它是"十二五"期间国家"863"计划深海潜水器装备与技术重大项目课题之一。"潜龙二号"是在"潜龙一号"的基础上，为满足多金属硫化物矿区的勘探需求而专门研制的，在机动性、避碰能力、快速三维地形地貌成图、浮力材料国产化等方面，与"潜龙一号"相比都有较大提升。

2016 年 1 月 12 日，"潜龙二号"顺利入水，并在水下完成了一系列的深海考察任务（共计 9 个多小时），取得了丰富的一手海洋数据资料；2018 年 4 月 6 日，"潜龙二号"成功完成第 50 次下潜，顺利完成了科考任务。任务结束之后，"潜龙二号"接受彻底的检测大修。

深海载人潜水器——"蛟龙号"

载人潜水器的发展水平代表着一个国家海洋深度开发的能力。2002 年，作为"863"计划中的一项重大的海洋装备课题，研制"蛟龙"号载人潜水器成功立项。

立项之后，"蛟龙"号载人潜水器历经了设计建造、总装集成、水池试验、海试 4 个阶段。2012 年 6 月，在马里亚纳海沟开展的大深度海试

[①] 节（Kn）是英文 Knot 的词头，表示巡航速度，1 节等于每小时 1 海里，也就是每小时行驶 1.852 千米，2 节为 3.704 千米/小时。

中，"蛟龙"号成功下潜到最大深度（7062米），创造了作业型深海载人潜水器的世界纪录，打破了日本"深海6500"保持了23年的最深潜水记录。

海试成功后，"蛟龙"号在2013年至2017年进入试验性的应用阶段，在此期间，"蛟龙"号所获得的成果令全世界瞩目，"蛟龙"号的足迹遍及世界七大海区——南海、东太平洋多金属结核勘探区、西太平洋海山结壳勘探区、西南印度洋脊多金属硫化物勘探区、西北印度洋脊多金属硫化物调查区、西太平洋雅浦海沟区、西太平洋马里亚纳海沟区。

截至2017年，超过450人次的科学家参与到下潜活动之中，掀起了世界范围内的深海调查与深海研究热潮。自2018年开始，"蛟龙"号进入全面检修升级状态。这次大规模的检修升级，主要是为了确保其在未来能顺利开展全球环行。

让我们共同期待"蛟龙"号能够揭开更多的深海奥秘！

02 海浪为什么会发出神秘"蓝光"？

美国曼哈顿海滩出现的蓝色波浪

2020 年 4 月，美国加利福尼亚州曼哈顿海滩附近出现了蓝色波浪，引起了很大轰动。这片海滩怎么会发出蓝色的荧光呢？神秘的"蓝光"究竟来自哪里呢？

海浪发光的原因

简单来说，海浪发出蓝色荧光的原因是生物发光（Bioluminescence），也就是生物体内发生化学反应从而产生光的过程。

对海洋生物来说，生物发光是一种非常重要的交流方式，为了解捕食者与猎物之间的相互作用，科学家对生物发光进行了广泛的研究。

生物发光现象

　　诸如水母、虾类、蠕虫、甲壳类动物和鱼类等很多海洋生物都能发出光亮，究竟是什么生物使这片海域的海浪散发出蓝色的荧光呢？

　　科学家对这片海域的海水进行研究后发现，海域出现蓝光现象，是由一些具有发光能力的鞭毛藻以及海洋中的一些无害细菌造成的。

　　这里所说的鞭毛藻是一种介于动物和植物之间的单细胞生物，生长

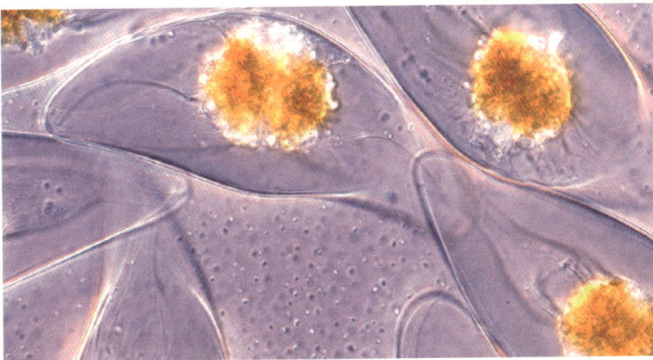

一种鞭毛藻细胞

在海水或淡水中。鞭毛藻的长度仅有 50 微米，我们肉眼是看不到的。它们经常聚集在一起，在受到外界干扰时，就会像萤火虫一样发出亮光。

独特的蓝色荧光基因

美国科学家通过实验发现鞭毛藻体内有独特的蓝色荧光基因。

鞭毛藻在海面上漂浮时，会受到周围海水流动产生的机械刺激，电脉冲会绕着鞭毛藻的液泡膜传播。由于液泡内含有大量的质子（带正电的粒子），这些电脉冲会打开液泡膜上对电压敏感的质子通道。

质子通道能够将质子从液泡导入到液泡膜上被称为"闪光体"的小囊中，它进入"闪光体"后，会激活储存在"闪光体"中的蛋白质——荧光素酶，从而产生荧光。

鞭毛藻并非时时发光，它们只有在受到外界干扰时，才会像萤火虫那样发光，因此，人们往往在夜晚涨潮的时候才能看到成片鞭毛藻发出的蓝色荧光，风浪越大荧光越强，而在风平浪静的海面上是很难看到荧光的。

鞭毛藻的"黏弹性"反应

后来，研究人员确定了导致鞭毛藻发光的物理原理。

为了在单细胞水平上观察光的产生，科学家开发了基于显微操作和高速成像的独特实验工具。他们展示了鞭毛藻的细胞壁在外力作用下发生变形时，这种单细胞生物是如何发光的。

研究人员发现，鞭毛藻发光的亮度不仅与细胞壁变形的幅度有关，而且与细胞壁变形的速率有关，这种现象被称为"黏弹性"反应。

研究人员将鞭毛藻细胞保存在两个反向平行的微量移液器中，并保证鞭毛藻细胞在接受刺激前保持数小时不受干扰。研究发现，在第一个微量移液器上吸液时，鞭毛藻细胞通常会发生一次闪光。

第二个移液器采用两个方案进行外力刺激：第一个方案是将一束生长介质浸入水中并喷射到细胞上，并使用粒子图像测速仪（PIV）和粒子追踪剂进行性质鉴定；第二个方案是使细胞保持在两个移液器之间，第二个移液器对细胞进行挤压引起细胞壁变形。

研究表明，当细胞壁变形的幅度较小时，无论外力挤压的速度多快，光强都较小；当细胞壁变形的幅度较大，施加外力的速度很缓慢时，光强也较小；只有当挤压的幅度和速率都很大时，光强才能达到最大值。

📖 鞭毛藻发光的目的

鞭毛藻发光的目的是什么呢？对此，科学家给出了三种解释：

> » 警告潜在的天敌，发出"我有毒，离我远点儿"的信号；
> » 鞭毛藻发出的闪光类似于爆炸时产生的光，能够震慑天敌，刺激天敌逃避，有时也能使天敌迷失方向，最终使鞭毛藻成功脱险；
> » 吸引其他大鱼的注意，帮助鱼类追踪并吃掉潜藏在其周围的天敌。

归根结底，鞭毛藻发光是为了保护自己以防被天敌吃掉。看来，每一种生物都有一套独特的自卫方法，大自然真是太神奇了！

03 珊瑚得了"白化病"还能自救吗？

在热带、亚热带的浅海底，有许多五彩斑斓的珊瑚，它们可以在海底绵延数百千米，十分壮观。但是，当海洋环境发生变化、海水温度升高时，这些珊瑚就会从彩色变成枯骨般的白色，这种现象被称为"珊瑚白化"。

📖 珊瑚为什么会得"白化病"？

珊瑚看上去像是海底的植物，实际上它是许多腔肠动物——珊瑚虫聚合生长的群体生物。这些珊瑚虫能分泌出碳酸钙，用以构成自身的骨骼。成千上万的骨骼与钙藻、贝壳堆积在一起，形成了微型的生态系

美丽的珊瑚

白化的珊瑚

统——珊瑚礁。

珊瑚体本身的颜色是与碳酸钙一样的白色，而我们所看到的珊瑚颜色取决于依附在珊瑚身上的共生藻类。这些藻类只能生活在温度为18℃～30℃的浅海底，可以通过光合作用为珊瑚提供养分。

科学家认为，由于地球气候变暖，海水温度越来越高，珊瑚和藻类

珊瑚虫

的共生关系遭到了破坏。藻类不得不离开珊瑚体，珊瑚也就失去了藻类带来的色素，像得了"白化病"。

珊瑚白化的可怕后果

科学家对美国佛罗里达礁岛群卢尔岛（Looe Key）进行研究，发现导致珊瑚白化的原因不仅仅是全球变暖，还包括多种来源的活性氮。对污水和化肥的处理不当，导致海洋中的氮含量升高，造成珊瑚缺磷，进而降低了珊瑚"白化"的温度阈值。也就是说，这些珊瑚礁很可能在受到水温上升的影响之前，就已经死亡了。

研究人员收集了该区域1984年到2014年的海水样本和大量的珊瑚藻，监测了活珊瑚的情况，并研究了海水中氮、磷、硅、铁等营养元素对珊瑚藻生长的影响。

研究发现，卢尔岛保护区的活珊瑚覆盖率由1984年的近33%下降到了2008年的不足6%，而海水氮含量超标可能是卢尔岛珊瑚礁退化的主要原因。陆基营养物径流提高了珊瑚藻的氮磷比（N：P），磷含量越低，珊瑚的代谢压力越大，珊瑚礁也更容易"饿死"。

白化珊瑚为何又变为彩色？

珊瑚在生存条件恶劣时会褪色，发生"白化"现象，然而，有些珊瑚褪色后，经过一段时间又会呈现出炫目的彩色，这究竟是为什么呢？

英国科学家发表论文称，白化的珊瑚又变成彩色是它们对恶劣的生存环境做出的应激反应。

研究人员按照以下步骤进行了一系列实验：

第一步：用聚焦的红光照射健康的珊瑚，诱使珊瑚白化。在照射红光前，珊瑚没有呈现荧光色，即没有产生色素。照射红光11天后，可以

呈现彩色的白化珊瑚

明显观察到珊瑚发生了白化。

第二步：利用低能量的绿光和高能量的蓝光照射白化的珊瑚。29天后，绿光照射下的珊瑚没有明显变化，蓝光照射下的珊瑚出现了明显的荧光色。这说明，白化的珊瑚为了避免被高能量的光灼伤，会生成荧光蛋白和色素蛋白，从而产生色素，吸收部分光线，使珊瑚展现出不同的色彩。

第三步：将健康的珊瑚分为两组，让它们生活在适宜的水温中，给第一组珊瑚充足的营养，而给第二组珊瑚减少营养（缺少营养会导致珊瑚白化）。六周后，营养不足的白化珊瑚产生了荧光色素。这说明，由营养不足等其他因素导致的珊瑚白化，也会让珊瑚生成色素，导致变色。

通过以上实验，研究人员认为，无论导致珊瑚白化的原因是什么，珊瑚白化后接受高能量光的照射，才是珊瑚变色的原因。

研究人员埃琳娜（Elena）表示，珊瑚生成的色素能够降低强光的反射率和散射率，珊瑚内部的光通量减少后，刚好适宜共生藻类居住，藻类和珊瑚又可以重新建立起共生关系。因此，珊瑚不用再生成色素保护自己，又变回了原始的模样。也就是说，白化的珊瑚又变成彩色，可能是珊瑚的一种自我保护行为。

目前，全球的珊瑚正面临严重的生存危机。我们不仅应采取正确行动应对全球气候问题，还应建立健康的捕鱼方式，采取多种措施来解决海水氮含量超标问题，比如改善污水处理方法、减少化肥使用量等，彻底解决全球珊瑚生存危机。